MEMOIRE
en Images

La Côte de Granit Rose
Tome II
La Clarté - Ploumanac'h

Souvenir de Bretagne
Rochers de Ploumanac'h
Trégastel
Lannion
Perros-Guirec
Trébeurden
Trégastel

MEMOIRE

en Images

LA CÔTE DE GRANIT ROSE
TOME II
LA CLARTÉ - PLOUMANAC'H

Eric Chevalier

ALAN
SUTTON

Editions Alan Sutton
27, Quai de la Prévalaye
35000 Rennes

Première édition juillet 1995

ISBN 2-910444-39-2

Dépôt légal : juillet 1995.
Imprimé en Grande-Bretagne par
Redwood Books Limited, Trowbridge.

Table des matières

Remerciements

A ma famille et à la cavalière de la page 67.

Je remercie tous ceux qui m'ont aidé dans mes recherches, soit par le prêt de documents, soit en me racontant leurs souvenirs, particulièrement :

Micheline et Gabriel Boigegrain, Jean-Paul Bosc, Jacqueline Boscher-Belleissue, Thierry Chevalier, Denise Collin, Jeanne Crechriou, Jean Crochet, Marie Dafniet, Louise Delvaux, Jean Derrien, Guy Doré, Yves Dumergue, Géraldine Gamet, Robert Geffroy, Marcel Goelou, Michel Gouriou, Marie-Claire Guégan, Yves-Marie Guégan, Yves Hillion, Yvonne Jégou, Renée Justin, Régine de Lacarelle, Marie-Louise Le Berre (défunte), Joseph Le Chêne, Fernande Le Coniat, Yvonne Le Gall, Pierre Le Gaouyat, Yves Le Gaouyat, Angèle Le Goff, Renée Le Goff, Jean-Claude Le Goff, Françoise Le Guen, Camille Le Guern, Maryvonne Le Guillouzer, Louis Le Jeune, François Le Merrer, Madeleine Loyau, Yvonne Marak, Kim N'Guyen, Anne Nicot, Françoise Perrin, Yvonne Prigent, Yvonne Quéré, Françoise Racine, Louise Ragot, Jean Regnard, Loulou Ropars, Albertine Rosnaro, Robert Rumeur, Jean Sabbagh, Jean Salpin, Yves et Marie-Thérèse Salpin, Gaby Salvi-Godec, Georgette Théatre, Jean Tilly, Louis Tilly, Marie Tilly, Régine Tilly, Berthe Thobié, Eric Venot-Eiffel, Bernard Vincendon, Etude de Maître Inizan, Etude de Maître Potin, Etude de Maître Rouxel, les Archives départementales, le Service historique de la marine, le Service culturel de l'ambassade d'Egypte et le journal *Le Trégor*.

Introduction

Nous reprenons notre promenade dans Perros-Guirec, là où nous nous étions arrêtés dans le tome I, à Croas Ar Moing. La montée fut rude et le repos nécessaire. Nous vous convions à cette nouvelle ballade sur les chemins de lande et petites routes qui sillonnent vers la chapelle de la Clarté, puis descendent vers Ploumanac'h. Personne d'autre que Charles Le Goffic n'aurait pu parler aussi bien de ces endroits magiques : "Qui n'a pas vu dans leur virginité primitive Ploumanac'h et la Clarté ne peut se faire une idée de la farouche beauté, du prestigieux et formidable enchantement qui émanaient de ce promontoire de la mer bretonne..."

Bibliographie

Parfums de Bretagne n° 18 - La Clarté - Ploumanac'h, de J.E. Poirier.
Guarite, de Maxime Gourhand, Ed. A. Delayance, la Charité-sur-Loire, 1931.
Magie de Perros-Guirec, Joseph Salembier, imp. Verschave, Roubaix.
La Bretagne Touristique Illustrée : Gabriel Vicaire en Bretagne , N° 47, février 1926.
Les chantres du Trégor, Léon Dubreuil, Imprimeries Réunies, Rennes.
Du côté de Perros, Claude Berger et Françoise Racine, la Tilv éditeur, 1994.
Trégastel, Le Passé Retrouvé, Emmanuel Mazé, 1994.

Crédit photographique

Archives Départementales des Côtes d'Armor : page 79 haut, page 106 bas, page 107 haut et bas.
Guy Doré, Perros-Guirec : page 149 bas, page 151.

I
La Clarté

On a toujours tendance à confondre le hameau de la Clarté avec sa chapelle. Cet édifice magnifique cache un peu trop la vie de ce hameau, pourtant important, de la commune de Perros. Sur le plan de Perros-Guirec, daté de l'an XIII, on peut y compter une vingtaine de maisons ou fermes avec 2 regroupements : Kerdu et le bourg. Sur cette photo, nous voici à Kerdu dans les années 1920. Ce hameau était constitué de 5 fermes : Martret, Salaün, Rolland, Cren et Nicol. Ici, nous passons devant les maisons de la famille Martret : à gauche, celle d'Yvonnick, menuisier (grand-père d'Yves Gad) et, à droite, celle de son frère, Jean Marie, fermier (grand-père de Jean Le Goff). C'est à Kerdu que naquit l'ouvrier typographe Yves Roperz qui composa le *Catholicon*, premier livre imprimé en breton en 1499.

A la fin des années 1920, au croisement de la nouvelle route de la Corniche et de celle de Trestraou à la Clarté, juste au-dessus de Kerdu, deux hôtels de granit rose ont jailli de terre. A droite, se dresse l'hôtel de La Clarté-Trestraou de Jean Rannou (oncle de Marcel Rannou célèbre coureur cycliste local). Dans la salle à manger de cet hôtel eut lieu, le 6 septembre 1930, le banquet de la fête annuelle des Chantres du Trégor, placé cette année-là sous la présidence de Maurice Denis ; en outre, y assistaient aussi Charles Le Goffic, Albert Clouart, madame Lederlin... Le 26 août 1934, l'hôtel reçut, également, le banquet de l'inauguration du médaillon de Charles Le Goffic (décédé en 1932) sur la roche des Martyrs. En 1939, cet hôtel était tenu par monsieur Poirier.

A gauche, c'est l'hôtel des Roches Roses construit en 1928 par Hyacinthe Tilly pour sa femme. Il ouvre en 1929. Marie-Louise Le Martret, épouse de Hyacinthe, le tiendra jusqu'en 1936-37. Le voici photographié, en 1929, peu de temps après l'ouverture. On aperçoit Hyacinthe Tilly à la fenêtre centrale, en bas. Au-dessus, avec sa coiffe, c'est Marie-Louise, son épouse. A la fenêtre du haut, toujours au centre, on aperçoit leurs 2 enfants, Roger et Fernande, accompagnés par leur cousin Jean Le Goff et du chien Finette. La citroën *B14*, à droite, est celle de Hyacinthe ; ce dernier a commencé sa carrière en transportant les touristes en *Victoria* (voiture à cheval découverte) qui était d'ailleurs très souvent conduite par son aide, monsieur Fégard.

En prenant à gauche puis à droite, nous voici à Croas an Escop, la croix de l'Evêque. Cette croix se trouvait au début de la route (aujourd'hui, rue des Résistants) qui reliait la Clarté à la route de Perros-Pleumeur, en passant par Toul al Lann. Cet endroit était encore désert au début du siècle. Sur ce plateau, il n'apparaît qu'une seule ferme sur le plan de l'an XIII, la ferme Rivoillan, située près du cimetière actuel. Croas an Escop fut transportée dans le nouveau cimetière en 1937. Sur son socle, des inscriptions mentionnent qu'elle fut réalisée par Yves Le Corre, en 1783. Durant la période révolutionnaire, Jean-Marie Le Lay était recteur de Perros et Yves Le Corre, vicaire. En juin 1791, ces deux prêtres s'exilèrent aux Sept Iles où la Garde nationale de Lannion vint les chercher ; pourtant, à leur débarquement, devant la colère de la population, les gardes durent relâcher les prêtres. Le 30 mars 1792, un mandat d'arrêt fut lancé contre monsieur Le Lay ; il fut sans résultat. Le 28 juillet 1792, les deux compères embarquèrent à Toul An Hery pour gagner Jersey sur L'*Hirondelle*, bateau de Pierre Audry de l'Ile Grande qui fut arrêté pour cet acte. Après sept ans d'exil, et à la suite des mesures de conciliation prises par le consul Bonaparte, les deux prêtres débarquèrent à nouveau à Cancale. A cause de tracasseries administratives, ce n'est que le 11 juillet 1801 qu'ils purent retrouver leurs ouailles, le jour de la foire de Perros, sous les applaudissements de tous les habitants rassemblés au bourg. L'abbé Le Lay, éprouvé par les souffrances physiques et morales d'un réfractaire, rendit son âme à Dieu le 14 octobre 1802.

On accuse certains peintres de travailler d'après des cartes postales ; c'est ainsi qu'il y a quelques années, on vit paraître dans *Le Figaro*, illustrant l'exposition parisienne d'un peintre très célèbre une "*Eglise St-Jacques de Perros-Guirec*" sans ses ailes ! Mais voici le contraire, une carte postale dont la photo reconstitue une scène d'un tableau du peintre Etienne Bouillé qui s'était fixé à Perros.

En descendant de Croas an Escop par la rue de Pleumeur, on arrive sur la chapelle de Notre-Dame de La Clarté en passant entre la ferme Goélou, sur la gauche, et le café de la Chapelle, sur la droite.

Nous y voici, le 15 août 1915. Malgré les hostilités, les marchands ont dressé leurs étalages et leurs tentes, attendant les pèlerins plutôt rares. Au coin du café de la Chapelle, se tenait souvent une loterie, constituée d'une grande roue horizontale sur laquelle étaient posés les lots. Le gros lot était un paquet de tabac et les lots de consolation, des berlingots que le forain fabriquait lui-même sur place. Ça sentait bon ! A cette époque le café de la Chapelle était tenu par Mathilde Duval.

Au printemps 1916, Jules Emile Zingg (1882-1942), peintre, ami de Maurice Denis et de Georges Sabbagh, débarqua un jour chez Mathilde Duval, cherchant un gîte avec sa femme qui était enceinte. Mathilde commença par les héberger au café de la Chapelle avant de leur trouver une chambre plus confortable chez Jeanne Alain. On se souvient que pour faire sécher ses toiles, Zingg les accrochait aux poutres de la chambre qui empestait la peinture à l'huile. La Clarté, ses habitants et ses environs fourniront à ce peintre nombre de sujets pour ses toiles puissamment colorées et structurées. Mathilde Duval tiendra le café de la Chapelle jusqu'en mars 1919, où elle achètera La Descente des Pèlerins. Le café de la Chapelle sera alors vendu à Joseph Berrezaie de Perros et tenu par plusieurs locataires dont Marie Champic Ollivier et Adrien Bonnot de 1936 à 1939.

Voici cette ferme peu avant sa destruction, en 1956. Elle fut remplacée par un parking construit face à la chapelle. C'est tout à fait dans cet état et disposition que Yves Hillion l'a connue dans les années 1930.

Scène de battage, en août 1895, dans la cour de la ferme Goélou. Cette dernière pourtant ne porte pas encore ce nom puisque les parents de Marcel Goélou ne la prendront qu'en 1933 ; leurs prédécesseurs, les Hillion (parents d'Yves Hillion), ne l'avaient occupée, eux-mêmes, qu'en 1922. Cette ferme appartenait à monsieur Villadon de Paris. Les tonneaux que l'on voit sur ces photos étaient destinés à contenir l'eau pour la machine à vapeur en l'absence d'eau courante. Jusqu'à la Seconde Guerre mondiale, La Clarté conservera son caractère rural avec une quinzaine de petites fermes, trop petites pour avoir un cheval. Mathurin Hillion avait, quant à lui, deux chevaux. Cette force motrice dépassant les nécessités de sa ferme, il louait ses services et ceux de ses juments *Fanny* et *Mignonne* pour les labours, les charrois, les moissons des fermes alentour. Il fut le premier à posséder, en 1924, une moissonneuse américaine *Milwaukee*. Le cours de l'année était rythmé par l'entraide entre fermes, pour des travaux agricoles souvent propices à des fêtes. Fin avril et début mai, on coupait l'ajonc que l'on vendait en fagots aux boulangers pour les fours à pain. La première quinzaine de juillet, on se retrouvait pour l'arrachage du lin encore fort répandu à cette époque et en août c'était la moisson et le battage.

En 1924 ou 1925, la "loco" de la batteuse qui appartenait à Soïk a Fessant (François Le Fessant) de Kerdu, en plein battage comme ci-dessus, a explosé dans la cour de chez Hillion. Des morceaux sont même passés par-dessus la chapelle de La Clarté ! Sur cette photo, la ferme était encore prolongée par une longère fort ancienne et couverte de chaume ; cette dernière disparue en 1920. Par contre, le bâtiment de gauche, couvert de tuiles et qui servait de grange, perdura. A droite, le bâtiment derrière le tas de paille servait d'écurie à *Fanny* et *Mignonne*. Pour la préparation du 15 août, elles étaient fières de tirer la charrette sur laquelle on avait placé le grand harmonium de l'église St-Jacques pour l'apporter à Notre-Dame de la Clarté.

La légende, maintes fois répétée, sur l'origine de cette chapelle mérite d'être contée : le seigneur de Barac'h en Louannec, perdu dans la brume parmi les roches des Sept Iles, fit promesse à la Vierge de lui élever une belle église si elle le sauvait. Une lumière venant du crec'h de la Clarté (qui ne devait pas porter ce nom avant cet événement) illumina sa route et lui permit de regagner le port de Perros. Il tint sa promesse en faisant édifier cette chapelle en granit rose. En réalité, sa construction fut l'initiative de Rolland de Coëtmen, propriétaire de la seigneurie de Keruzec en Pleumeur Bodou et de Tonquédec. Elle débuta en 1445 alors que Guillaume Quintin était prêtre. Cet ouvrage s'étala sur deux siècles, utilisant du granit local et du granit de St-Samson (saint patron du diocèse de Dol dont dépendait la paroisse de Perros-Guirec). Des pierres de l'ancien château de Ploumanac'h, Castel Bras, auraient également été utilisées, notamment celles du chemin de ronde qui auraient permis de réaliser la courtine sur le haut de la tour, à une époque où le clocher n'existait pas encore. A droite de l'enclos qui figure sur cette carte postale, il y a un puits, fermé maintenant, dont l'eau comme celle de la fontaine (située sous le parking) était supposée guérir les maladies des yeux et préserver de la cécité. Les jours de Pardon dans les années 1930, Francine Roudot y puisait de l'eau qu'elle vendait 5 sous dans des quarts en fer blanc aux pèlerins. Son mari, Louis Jacques, préférait la boisson de la buvette d'en face qu'il trouvait bien plus miraculeuse.

A droite sur cette carte, habillé de blanc, le boulanger Le Luron puise de l'eau au puits de la chapelle. Son pain devait être miraculeux. Sa femme était surnommée Marie Bail (Marie Le Bail). Leur boulangerie se trouvait dans l'impasse derrière Les Ajoncs d'Or, entre la maison de la mère Aimée et celle de Jobé Tadié, fameux tailleur de granit (grand oncle d'Yvon Bonnot). En ce temps-là, il devait être assez dur de gagner sa vie de boulanger car, se souvient Marie Tilly, dans beaucoup de maisons on confectionnait sa pâte à pain une fois par semaine et on la portait à cuire chez le boulanger. Elle revoit encore sa grand-mère, Perrine Le Goff porter la pâte sur son dos pour aller la faire cuire.

Souvenir d'une visite à Notre-Dame de la Clarté, il y a un siècle, en septembre 1895.

Les mariages étaient célébrés, comme de nos jours, à l'église St-Jacques, mais les noces de la Clarté se rendaient en cortège, à pied, parfois précédés d'un accordéon ou d'un violon, jusqu'à la chapelle pour s'y faire tirer une photo de groupe avant le banquet A la Descente des Pèlerins ou Aux Ajoncs d'Or. Voici, le 9 avril 1918, la noce de François Milin et de Francine Le Guer (les parents de Marie-Louise Milin épouse Le Berre). De gauche à droite, au premier rang : les enfants à gauche des mariés sont Pierre Renot, Jean Tilly, Mathilde Le Couls, Jeanne Le Couls et, à droite, X, Valentine Tilly (sœur de Jean), Yvonne Le Couls (épouse Marak) ; au deuxième rang : Anne-Yvonne Le Goff, Anne-Françoise Faou (épouse de Stanislas Renot, mère de Pierre) surnommée "Ar Faouen", Jobé Tadié, Marie Gourhant (épouse Guézennec), Marie Callarec (épouse Penven), Louise Le Maon, Pierre Le Lay (le tailleur), Sophie Ropars (épouse de Louis Le Couls), Léocadie Bonniec (épouse Le Lay), Marie-Louise Allain (épouse Tilly), François Milin (le marié), Louis Le Couls, Francine Le Guer (la mariée), Renée Le Guer, Clothilde Le Guer (épouse Guillou), Marie-Louise Le Gac (épouse Milin, mère de François), Rose Le Bivic (épouse de Louis Allain), Marie-Louise Le Penven (épouse de Louis Toudic) ; au troisième rang : Jean Tilly (fils de Valentin), Joseph Tilly, Annette Cren, Françoise Le Penven (épouse de Valentin Tilly), Marie-Louise Gouriou, Valentine Le Goff (épouse Tilly), Sophie Bonniec (épouse Nicolas), Louis Le Couls (le garçonnet avec le chapeau) et, derrière lui, Yves-Marie Le Goff (le cordonnier) ; à droite du calvaire, derrière la mariée : Catherine Le Goff (épouse d'Yves Le Guer), deux hommes et une femme non nommés, Marie Tilly, en robe blanche avec chapeau (épouse de Francis, le cordonnier), Suzanne Bernable, Jean-Marie Thépaut, Jean-Marie Gourhand et Jeanne Perchec (épouse Alain) ; au dernier rang : Jeanne-Marie Gouriou (épouse de Jacques Tilly), mademoiselle Gouriou de Trébeurden (épouse Cambray) ; assis sur la croix : Yves Le Guer, Ange Le Goff, René Le Guer, Louise Callarec, Paul Le Bonniec et, un peu plus bas, Anna Martret, Hyacinthe Tilly, Jean Le Goff, Hélène Ablon (épouse de Yves Tilly), suivie de deux marins du Sémaphore.

Au même endroit, et à peu près au même moment (1918), voici la noce Merrer-Tilly. De gauche à droite, au premier rang : Marie Tilly (épouse Delaunay), Madeleine Tilly, François Tilly, X, X, Ambroisine Calvez (épouse Belloir), Mathurin Tilly (le marin assis), Marie Callarec (épouse Penven), Marie Tilly (épouse de François-Marie Tilly) et, dans ses bras, Jeanne Le Calvez ; au deuxième rang : X, Marie Tilly (femme de Francis Tilly, le cordonnier), Auguste Provost, Denise Le Lay, Francis Tilly (en marin), Francis Merrer (le marié), Aline Tilly (la mariée), X, Marie Pierres (épouse de Mathurin Tilly), Francine Merrer et, complètement à droite, Aimée Le Gall (la mère Aimée de l'auberge du Soleil Couchant) ; au dernier rang : X, Louise Callarec, Eugène Le Jannou (maire de Perros-Guirec), Maryvonne Le Goff (épouse de François Tilly et mère de Marie Tilly), Valentine Le Goff (épouse Tilly et grand-mère de Régine) ; contre la croix : Louis Tilly (de Kerdu, frère de Marie), Louis Tilly, François-Marie Tilly, X, Péral, X, Hélène Tilly, Maurice Tilly (le jeune garçon assis), Joséphine Le Lay (épouse Tilly) et, debout derrière elle, Jean Rannou (de l'hôtel de la Manche). Francis Merrer et Aline Tilly habiteront la maison qui est devenue la crêperie Ty Guen à Kerdu.

Carte contemporaine de Théodore Botrel qui est venu vendre ses chansons le jour du pardon, au pied de la chapelle et qui écrivit : "... Si mon Anaïk est bien sage, arrivent les beaux jours d'été, je l'emmène en pèlerinage chez la Dame de la Clarté". A droite, le café de la Chapelle sera tenu dans les années 1930 par Anne-Marie Guillou (mère d'Yves Guillou) ; il servait le midi des repas aux ouvriers des carrières. Yves Hillion, qui habitait en face, se souvient encore du bruit que faisaient les centaines de sabots de bois des tailleurs de granit qui déboulaient des carrières de Mez-Gouez.

Deux belles Perrosiennes devant l'entrée de Notre-Dame de la Clarté posent pour le photographe. A droite, c'est Eugénie Champic-Jambet, repasseuse à la Clarté ; elle était particulièrement habile pour repasser les coiffes. Elle habitait à droite du café Hillion. A gauche, c'est Louise Callarec qui sera madame L'Heriment.

La dame avec le bébé dans les bras est Jeanne Allain (grand-mère de madame Delvaux et de Pierre Allain). Le bébé est très probablement Marie-Louise Milin.

La petite fille, au centre, devant le magnifique porche sud et sa statuaire, est Mond Cren. Elle tient la main, à gauche, de Francine Le Martret (la femme du tailleur) et, à droite, de Annette Cren. Le cadran solaire, en haut à gauche, n'existe plus ayant servi de cible aux tirs de fronde des gamins de la Clarté, pendant des années.

Nous faisons le tour de l'église. L'enclos ouest est visible dans son état original, avant qu'en 1960, il ne soit sérieusement écorné pour faciliter la circulation automobile, notamment le passage des cars. A l'époque de cette carte postale le portail ouest fut muré.

Quelques années plus tard le portail est revenu, une porte à fuseaux a été restaurée ou refaite. C'est de ce côté que Notre-Dame de la Clarté mérite l'appellation que lui donna Anatole Le Braz de "vrai sémaphore des âmes".

Face au portail ouest de la chapelle, est établie depuis très longtemps l'auberge A la Descente des Pèlerins, tenue jusqu'en 1919 par les Even. Année où Mathilde Duval et son mari Yves-Marie rachetèrent cette auberge en quittant le café de la Chapelle. Mathilde la tiendra bien après le décès de son mari en 1932. Les héritiers la vendront à Annick Vitry (épouse Pertot), en 1978, qui la revendra à Michel Gouriou en 1983, où elle prendra le nom de Bonne Auberge.

A côté de l'auberge A la Descente des Pèlerins, voici les Ajoncs d'Or, établissement plus récent. Construit, autour de 1900, par Guy Keraudren (maire de Trégastel) et sa femme Virginie Le Coniat, il sera revendu en janvier 1911 à Catherine Le Goff épouse de Yves Le Guer. Les propriétaires suivants furent Charles Plard et sa femme, Euphrosine Alix, en novembre 1924. Les Plard vendirent les Ajoncs d'Or à Robert Deyrat en avril 1930. Sur cette carte postale, nous nous trouvons à l'époque Deyrat. Sa femme continua à tenir les Ajoncs d'Or bien après le décès de son mari en 1935. Elle eut aussi des locataires dont Yves Le Coadou.

A l'époque d'Yves Le Coadou, voici la salle à manger des Ajoncs d'Or face au panorama sur Ploumanac'h. Madame Deyrat vendit les Ajoncs d'Or à Bernard et Monique Gourhant en 1976.

A la Descente des Cyclistes en 1913-14. C'est la seconde épicerie d'Anne-Marie Callarec (portant la coiffe) que l'on l'appelait plus volontiers par son nom de jeune fille, Anne-Marie Tilly, car son mari décéda, en 1902, âgé de 37 ans. Sur cette carte postale, elle est en compagnie de ses deux filles : Louise, en robe blanche, et Marie, assise sur la chaise. Le petit garçon est Pierre Gouriou (futur entrepreneur). Orphelin, il fut recueilli, à l'âge de 7 ans, et élevé par Anne-Marie Tilly.

Plus tard, une salle à manger fut ajointe à l'épicerie, en avancée vers la chapelle. Anne-Marie Tilly vendit le fond de commerce aux Hillion, vers 1927. Ceux-ci vont tenir le café et agrandir l'épicerie jusqu'à ce qu'ils cèdent le tout à leur fille, Denise Martret. Ici, dans les années 1946-49, la deuxième salle n'est pas encore construite. Ty Breiz, à gauche, est tenu par mademoiselle Jeanne Lamour ; il avait appartenu, auparavant, à Hyacinthe Tilly. On trouvait de tout à Ty Breiz. Monsieur Delvaux se souvient y avoir déniché du Borax pour une soudure par brasure. Le Borax servait aussi aux repasseuses pour donner du brillant aux coiffes. Ty Breiz sera tenu, par la suite, par madame François Tilly (sœur d'Yves Gad). A droite, l'épicerie de Loulou Lejeune était tenue, à cette époque, par sa mère et son beau-père, Léon Soulimant.

Des touristes en visite à la chapelle forment une ronde. Dans le fond, on aperçoit le toit de A la Descente des Cyclistes et de la ferme Denes. La maison de droite a été détruite lors du percement de la rue de la Chapelle.

La rue de la Chapelle contournait la ferme Denes s'appelle aujourd'hui rue Mère Aimée. Ici, en 1894, des femmes sont en train de battre le grain au fléau dans la cour de la ferme Denes ; c'est cette même cour qui deviendra la rue de la Chapelle. Cette ferme s'appelait Louars Bras et devait, selon son nom, être la plus grande ferme du hameau.

Derrière le calvaire ouest de la chapelle, on aperçoit l'enseigne de l'auberge du Soleil Couchant ou auberge de la Mère Aimée (veuve Le Gall). Cette petite auberge eut une grande importance dans l'histoire récente de la Clarté. Elle contribua à accrocher nombre d'artistes à ce petit coin de terre bretonne, à commencer par Gabriel Vicaire. Ce dernier y fut amené, en 1894, par Charles Le Goffic. Pour 3 francs par jour, la mère Aimée leur assurait les repas, et quels repas, cidre, café et pause-café compris ! Pour 0,50 F, elle les logeait. Gabriel Vicaire profita tellement de l'hospitalité de la bonne hôtesse de la Clarté et de ses Amer Picon que celle-ci dit un jour à Charles Goffic : "Ah monsieur Goffic, mais où est ce qu'il peut mettre tout ce qu'il boit aussi donc !" Dans un recueil posthume de poèmes inédits, on peut lire, sous la plume de Vicaire, un poème intitulé *Chez Aimée Le Gall* dont la première strophe décrit l'ambiance : "Le local est modeste et n'a pas d'apparence/ L'ombre de la chapelle y flotte obscurément/ Mais on y pinte ferme autant qu'en lieu de France/ On y joue au trois-sept avec acharnement."

Sous cette belle photo d'Aimée Le Gall, en grande coiffe, nous ne résistons pas au plaisir de laisser à ces deux voyageurs de 1904, le soin de décrire plus avant l'auberge du Soleil Couchant. Il s'agit de René Saïb et de Madeleine Desrozeaux, directeurs de la revue *Le Clocher Breton* : "En face de la chapelle nous lisons une enseigne tout de suite trouvée : restaurant Le Gall. C'est ça le restaurant Le Gall par St-Guirec, mais c'est une vulgaire auberge, sans doute la plus modeste du canton. Modeste soit ! Puisqu'elle n'a qu'un toit rustique sur un simple rez-de-chaussée, une façade en schiste sur des fenêtres en lucarnes et deux ou trois pièces ouvrant de plain-pied sur la rue, mais vulgaire, non ! L'auberge de la mère Le Gall, c'est un sanctuaire de poésie, le cabaret littéraire du Trégor... Est-elle banale la salle à manger où pendent aux poutres, en guise de lustres, deux petites frégates avec leur gréement et plus loin, un œuf d'autruche ? Et le décor des murs avec ses pochades, ses dessins, ses vers, véritables ex-voto fixés là par la dévotion d'hôtes reconnaissants ! Et les dédicaces..." Ils citent : "Adieu banquets, Pomard morose/ Veau Parisien, piteux régal/ Et vive les crabes qu'arrose/ Ton cidre frais, mère Le Gall !" (P. Ral) La description continue ainsi : "Et maintenant voici l'hôtesse, la mère Le Gall, en coiffe blanche et qui peut vous souhaiter la bienvenue en deux langues, aussi bien en breton qu'en français. Voici la mère Le Gall, fière d'avoir nourri tant de gloires..."

A la fin de son séjour à la Clarté, après la Première Guerre mondiale, Aimée Le Gall habita au 1er de l'impasse du Tertre où on la voit, ici, en compagnie de Charles Le Goffic sur le pas de la porte de sa maison. En 1925, elle quitta la Clarté pour vivre chez son fils Jules, près de Ploubazlannec, où elle décéda en 1926.

Nous terminons notre promenade circulaire autour de la chapelle par le Verger. Cette pension de famille est une ancienne ferme, Ker An Neiz, que Pierre Allain (grand-père de madame Delvaux) acheta vers 1890, en se retirant à la Clarté. La transformation en hôtel date 1933. L'ancienne ferme se retrouve au rez-de-chaussée de la partie centrale. La partie de gauche fut construite par Hyacinthe Tilly, en 1921, sur les fondations d'un ancien appentis.

Photo prise dans l'entrée du Verger, le 5 janvier 1936, à l'occasion des noces d'Or de Pierre Allain et de sa femme Jeanne Perchec. Au premier rang, de gauche à droite : Jean Callec, Héloïse Le Brozec, Lucie Rannou, Louise Allain (épouse Delvaux), Rose Le Bivic (épouse Louis Allain), Pierre Allain, Jeanne Perchec (épouse Pierre Allain), Pierre Allain, Maud Perchec, Jean Ropars, Yves Nicolas ; au deuxième rang : François Thépaut (forgeron, père de François), Annette Tilly (épouse Thépaut), Francine Le Guer (épouse François Milin), Jules Le Gall (fils de la mère Aimée), Françoise Allain, Yves-Marie Allain, Anne-Marie Le Goff (épouse Yves-Marie Allain), Marie Callec, Victorine Le Berre, capitaine Le Maon ; au troisième rang : Yves Milin, Denise Ropars (épouse Dorr), Louise Perchec (épouse Corlouer), Marie-Louise Milin (épouse Le Berre), Yvonne Quemper (épouse Marcel Le Gall), Augustine Thépaut (mère de François), François Milin, Joséphine Briand (épouse Louis Ropars), Louis Ropars.

Scène amusante où, dans l'entrée de la chapelle, un peintre est en train de croquer les deux vieilles assises ! Au-dessus de la porte, on remarque les statues de la Vierge entourée d'anges, de Ste-Anne, St-Pierre et des quatre évangélistes. La porte en chêne sculptée a des panneaux représentant les saints, Pierre, Paul et Jean-Baptiste, ainsi qu'une vierge à l'enfant et une Annonciation. Au début du siècle, un écriteau placardé sur cette porte interdisait de peindre ou de photographier à l'intérieur de la chapelle sans l'autorisation de monsieur le curé.

Sur cette carte postale figure très probablement Anne-Yvonne Clou, épouse Tilly, mère de Hyacinthe. Elle porte l'ancienne coiffe.

Entrons maintenant dans la chapelle à la suite de Louise Callarec, au bénitier, suivie d'Eugénie Champic.

Ce bénitier, à main droite en entrant, est du XVe siècle. Les têtes qui en sortent sont des têtes de Maures. Le 29 mai 1453, Constantinople tombe aux mains des Turcs et l'Islam épouvante l'Occident. Au-dessus de ce bénitier, une plaque rappelle qu'au pied du bénitier gît, depuis 1939, le chanoine François-Marie Gouronnec, curé doyen de Perros. François Le Merrer se souvient d'avoir creusé ce caveau. Lors des travaux, il a trouvé, sous 20 centimètres de sable, sous les dalles, les ossements, fort bien conservés d'un homme, d'une femme et d'un enfant.

L'intérieur de la chapelle, malgré l'interdiction de photographier, a donné lieu à l'édition de nombreuses cartes postales. C'est un signe de son intérêt. Sur cette carte figure l'ancien chemin de croix avant que Maurice Denis n'en peigne un spécialement pour Notre-Dame de la Clarté qu'il affectionnait beaucoup.

Le chœur et le grand vitrail. Le chœur qui vient d'être restauré est magnifique. Le grand vitrail fut restauré dans les années 1950 et perdit de sa richesse.

La table à feu où étaient posés les cierges, offrandes des fidèles en signe de vœux ou de remerciements.

Signes de vœux exaucés, de nombreux ex-voto ornaient la chapelle à cette époque, et notamment des maquettes de bateaux. Ces charmants petits bateaux se sont, un jour, retrouvés sur un tas d'ordures pour faire place nette ! Une main secourable en a peut-être pris soin ?

En 1946, une souscription fut ouverte pour offrir à la statue vénérée une couronne digne d'elle. Beaucoup de Perrosiennes offrirent alors un bijou d'or. Une fois encore, la bonne mère de la Clarté avait secouru les Perrosiens. Les alliés devaient bombarder les positions allemandes de Mez-Gouez en 1944. Ces positions, situées à 2300 mètres de la chapelle, regroupaient environ 600 Allemands, dotés d'une puissante artillerie. Quand on connaît la technique de bombardement des forteresses volantes, c'est tout Perros qui pouvait craindre le pire ! Par trois fois les avions sont venus pour lâcher leurs bombes, mais à chaque fois la brume avait envahi le site. Merci Notre-Dame de la Clarté ! Là où les forteresses volantes ont échoué, le docteur René Saliou a réussi.

Un vieux gwerz dit "A la mi-moisson se tient le pardon de la Clarté". Ce pardon fort ancien attirait des pèlerins de fort loin. Un train spécial était institué par la Compagnie des chemins de fer de l'Ouest au départ de Tréguier à 6 h 20, le 15 août, pour amener à Perros à 7 h 40 des pèlerins de tout le Trégor. Certains, comme ceux du Port Blanc, venaient en barque, amenaient leur statue pour la procession de l'après-midi. En car, en voiture ou à pied, tout le monde se dirige vers le Crec'h de la Clarté où une messe en plein air va être célébrée.

Certains pèlerins, pour mieux implorer la Vierge ou pour la remercier, font le tour de la chapelle à genoux.

Un grand reposoir très fleuri et décoré de branchages a été dressé sur le haut du tertre où va être célébrée la messe solennelle vers 9 h 00, comme ici en 1926. La foule semble un peu clairsemée cette année-là.

Ce n'est pas le cas en 1931, comme le montre cette photo. Les petites fermes du tertre sont encore dans leur état d'origine.

Le 15 août 1895, le pardon attirait déjà des baigneurs, en plus des pèlerins bretons. Le pardon fournissait de bons sujets aux photographes comme en témoigne cette photo. Elle fut prise depuis le haut de la rue Gabriel Vicaire, près de A la Descente des Pèlerins. Remarquons, sur la gauche, un photographe avec son appareil en bandoulière. A 15h00, après les vêpres, célébrées sur le tertre devant une foule en général plus importante que celle de l'office du matin, la foule des badauds, touristes et Bretons...

... se masse le long de la rue Gabriel Vicaire, ici en 1913 sous l'hôtel David. Chaque jardin, balcon, rocher est colonisé.

Un peu plus bas, devant la maison *Le Foyer* qui voisine avec la maison *Le Grillon*, quoi de plus normal, on essaye d'être aux premières loges ! Les ombrelles claires des belles estivantes rivalisent avec les parapluies noirs des belles bretonnes.

Enfin la procession arrive, précédée de ce magnifique Suisse, suivi de la grande croix et des premières bannières.

Puis les hommes portent la statue de saint Joseph.

Suivis des femmes mariées, vêtues de noir, portant la statue de sainte Anne de la Clarté (parfois c'était celle de saint Jacques). D'autres statues des paroisses voisines suivaient aussi la procession.

Et derrière, le groupe de jeunes filles toutes de blanc vêtues porte la statue de la Vierge.

Parfois, comme ici, une musique prend part au cortège devant ou derrière le groupe des jeunes filles. Botrel, peut être inspiré par le Pardon de la Clarté, écrivit : "Tout est blanc, tout est bleu : la bannière et le cierge/ Les coiffes, les fichus, les âmes et les yeux/ Tout est bleu, tout est blanc : les grèves et les cieux/ Tout l'Arvor se pavoise aux couleurs de la Vierge !"

Cet ex-voto est porté, en 1931, par les petits garçons les plus méritants du cours de catéchisme admirablement habillés.

Exceptionnelles étaient les années où la procession du pardon de la Clarté descendait à Ploumanac'h par la rue St-Guirec, empruntait la rue du Centre, celle du port et remontait à la Clarté par la rue de St-Guirec. Cette année-là, de grandes figures Ploumanacaines participaient à la procession. A gauche, près du prêtre, c'est le capitaine François Le Goff (grand-père d'Armand et de Louis dit Boulou) ; il fut conseiller municipal et adjoint de plusieurs maires. A sa gauche, tenant la croix, c'est le capitaine Louis Le Rolland, père de Marie Rolland, qui décédera en 1940. Complètement à droite, c'est André Crechriou, le mari de Jeanne Le Goff. Et derrière lui, c'est St-Guirec qu'on avait extrait de sa chapelle pour cette circonstance exceptionnelle. Au moment de cette photo la procession passe devant la pension Gabriel Vicaire.

Un peu plus bas, la procession doit arriver devant les petites maisons des Renot. Nous sommes le 15 août 1931, François Perrain et son épouse Maria Mangard, les grand-parents de Loulou Ropars, sont venus chez leurs amis Renot assister au passage de la procession.

La procession descendait jusqu'à Croas Izellan (la croix d'en bas) et remontait à la chapelle. La légende prétend que Croas Izellan se déplace chaque année de la largeur d'un grain de blé en direction de la chapelle (ou autre version : en direction de Croas Huellan) et lorsqu'elle l'aura rejointe, ce sera la fin du monde. Il vaut mieux que la version "chapelle" soit la bonne. Cette légende répond à la logique suivante, lorsque la croix sera à la chapelle, plus de procession possible ! Ici, au retour la procession repasse devant Croas Huellan.

Les jeunes filles repassent devant le *Grillon* et le *Foyer*. Au premier rang, de gauche à droite : (deuxième) Aimée Bihen, la fille de la mère Aimée, (troisième) Maryvonne Le Goff, (quatrième) Jeanne-Marie Le Jaouen, future épouse Toudic.

Remontant aussi vers la chapelle, en 1931, voici monseigneur Courcoux, au centre, derrière le chanoine Le Mercier au premier plan ; plus en arrière, c'est monseigneur Serrand qui bénit la foule ; à gauche, la main sur le cœur, c'est le chanoine Alain Saliou de Louannec. La concurrence était parfois rude ce jour-là. Dans son compte-rendu du concours de tir du 15 août 1903, le journaliste du journal local *Le Lannionnais* voit dans l'inclémence du temps le résultat des prières "des hommes en noir et de leurs satellites du pardon de la Clarté à la Vierge pour avoir du beau temps pour sortir leurs statues et du mauvais temps pour châtier les fougueux sectaires qui osaient, en ce saint jour, organiser des divertissements alors que tout devait être recueillement, prières et surtout larges aumônes."

La procession rejoint la chapelle où certains spectateurs privilégiés regardent la scène depuis le chemin de ronde. Rude journée qui va prendre fin pour les pèlerins, et surtout pour leurs pieds ; certains venaient de la gare de Perros à la Clarté le matin et s'en retournaient prendre le train de 17h30, toujours à pied !

Cette fête commence en fait la veille, le 14 août, où après les vêpres à la chapelle, vers 21h00, commence une courte procession qui se rend sur le tertre (précédemment au croisement de la rue de Pleumeur et de Mez-Gouez) où un tendad, grand tas de fagots d'ajoncs, était mis à feu par le prêtre. Pendant que se consume le bûcher, les fidèles et le clergé chantent des hymnes et cantiques. Quand le tendad n'est plus que braises, les jeunes s'élancent et sautent par-dessus. Avant le siècle, cette cérémonie, mi-religieuse, mi- païenne se déroulait plutôt dans l'après-midi et près de Croas Huellan comme le montre cette photo prise le 14 août 1895. Le tendad, toujours couronné d'un rameau, commence à brûler alors que le prêtre dominant la foule semble faire l'élévation.

Les mendiants étaient une institution inévitable lors des pardons. Certains constituaient une espèce de rente pour leur famille qui les déplaçait de pardon en pardon et entretenait leurs blessures ou leur infirmité. Ce même mendiant fait l'objet d'une autre carte postale localisée à Paimpol sur laquelle il est appelé Le Lépreux. On se souvient de certains mendiants comme ce père et ce fils, tous deux aveugles, accompagnés de leur petit chien. Au passage des pèlerins ils répétaient en litanie : "Je vous salue Marie, pleine de grâces... Merci." Ou cette mendiante de Ploubezre, surnommée Plach, qui avait des crises de nerfs, vraies ou simulées, et qui portait son certificat en pancarte sur la poitrine.

Les mendiants étaient tellement gênants pour les pèlerins et les touristes que, en 1939, l'arrêté municipal réglementant le pardon finit par les interdire de stationnement ce jour-là.

En haut de la rue Gabriel Vicaire, face au mur du jardin de l'auberge A la Descente des Pèlerins, par un beau dimanche de 1902 ou 1903, probablement pendant que leurs maris jouent aux boules ou aux quilles, des femmes jouent aux noix (ce jeu ressemble au jeu de billes à tic). De gauche à droite, les femmes en coiffe sont : Françoise Le Penven, Anne-Yvonne Clou, Marie-Anne Le Penven, Françoise Tilly ("Soaze"), X, Jeanne-Marie Kergénou. Le nom de Tilly revient souvent à la Clarté a tel point qu'un proverbe disait : *An hini n'eoket Tilly zo Bastard* (Celui qui n'est pas Tilly est bâtard). Derrière les joueuses de noix, on aperçoit, à gauche, la maison de Perrine Le Barazer (épouse Ollivier) qui faisait du pain dans cette ferme (construite en 1898) et apprit le métier de boulanger à son fils, Gabriel Ollivier, qui tiendra une boulangerie à Croas Huellan.

L'hôtel Guilbert, avant d'être tenu par monsieur David. En face sur la gauche, la petite maison au toit de tuiles était habitée par un cordonnier, Yves-Marie Le Goff, qui avait des béquilles comme sa sœur. Cet hôtel est toujours connu comme l'hôtel David. Il comportait 35 chambres ; en 1929, la pension y coûtait 25 à 30 F. par jour en pleine saison. Monsieur David était très fier de son jardin boisé avec ses tonnelles propres au recueillement.

Cette belle carte postale nous montre les carriers à l'œuvre dans cette carrière située rue des Bruyères, au flan du Tertre. Elle fut arrêtée et comblée car elle menaçait le site. Avant la mécanisation, on voit que les carrières nécessitaient une large main-d'œuvre.

Les blocs extraits de la carrière de gauche étaient descendus, à l'aide de wagonnets, de l'autre côté de la rue Gabriel Vicaire où ils étaient taillés. On aperçoit les rails sur la gauche de la photo.

Monsieur Gourdon pose devant ce bloc impressionnant. D'abord collaborateur de monsieur Stiglio, en février 1937, il s'associe à monsieur Madec. Monsieur Gourdon "faisait beaucoup pour ses ouvriers".

Vue panoramique avec Ploumanac'h très visible à l'horizon en raison de l'absence totale d'arbres au début du siècle. A gauche, se dresse la maison de Maï Raymonde Tilly, "Ar Garnires", la repasseuse qui rendait aussi un fier service à la population de la Clarté en faisant la toilette des morts. Plus en avant, c'est la maison Le Lay devant laquelle sera construite la boulangerie Ollivier. Derrière, on aperçoit la maison double des Callarec ; Anne-Marie Callarec (Tilly) y tiendra d'ailleurs une petite épicerie, juste dans l'appentis qui borde la route, avant de s'occuper de A la Descente des Cyclistes. De l'autre côté de la route, la première maison à gauche est le café épicerie de Francine "Gilles", transformé après 1918 pour devenir la pension de famille Gabriel Vicaire. La maison de droite, dont on ne voit que la moitié, porte le nom de la croix, Croas Huellan, et appartenait à un cousin d'Yves-Marie Penven. Cette maison fut louée tous les étés entre 1916 et 1922 par le peintre Georges Sabbagh et sa famille. Francine "Gilles" ne fut pas étonnée quand Pierre Sabbagh est devenu présentateur à la télé car bébé sa voix portait ses pleurs dans tout le voisinage !

Ce tableau est un témoignage de l'amour que portait Georges Sabbagh, comme beaucoup d'autres peintres, à Notre-Dame de la Clarté, puisque sur ce "*Nu couché sur la plage*" de 1922, il a réussi à glisser la chapelle, en haut à gauche.

Portrait de Gabriel Vicaire par Maurice Rondeau peint, en 1934, pour Francine "Gilles". Ce portrait reçu l'approbation des descendants du chantre de la Clarté et put ainsi orner la salle à manger de la pension qui porta son nom pendant de nombreuses années.

Un jour de forte animation à la Clarté (peut-être un 15 août ?) des baigneurs descendent la côte sous les yeux des familles Mangard et Lédan. Au centre, assis sur un bloc de granit, c'est Yvon Mangard (1862-1925) avec son chapeau. Assise au pied de Croas Huellan, c'est sa femme Mathilde, née Lédan, et les jeunes garçons sont leurs fils François et Joseph. De profil, entre les deux garçons, c'est madame Lédan, mère de Mathilde. Croas Huellan est récente, bien que figurant sur des photos de pardon de 1894. La croix elle-même (en granit Kersanton du Finistère selon Léon Dubreuil) semble plus récente que le fût en granit de St-Samson.

Nous voici devant la boulangerie de Gabriel Ollivier. Sa femme, Marie Champic Ollivier, tiendra le café de la chapelle après le décès de Gabriel. A cette époque, l'eau courante n'existait pas et, si on ne possédait pas son propre puits, il fallait aller chercher l'eau à la fontaine publique ou chez un voisin chez qui on avait un droit de puisage. Le peintre Yves Alix, ami des Sabbagh, séjourna chez les Ollivier lorsque les Sabbagh louaient la maison d'en face. Ce fut d'ailleurs Alix qui, blessé pendant la guerre, était venu voir Maurice Denis à Perros et avait persuadé les Sabbagh, alors à Pont-Aven, de les y rejoindre ; plusieurs autres de leurs amis séjournaient également à Perros (Zingg, Gromaire...).

Bel attelage arrêté devant le café de Francine "Gilles". Nous sommes après 1914, l'électricité est arrivée à la Clarté.

Dans la campagne au pied de la Clarté, au début du siècle, les arbres qui, de nos jours, cachent le château de Rochefontaine n'étaient pas plantés. Ce château fut construit par le peintre Raymond Lefranc. Il fut acheté, après 1918, par madame de Liancourt qui laissa un très bon souvenir dans les mémoires de ceux qui l'ont connue. Durant la Deuxième Guerre mondiale, elle permit de couper des arbres de sa propriété pour que certains puissent se chauffer pendant l'hiver.

Après Rochefontaine, en continuant à descendre vers Ploumanac'h, le promeneur ne peut rater cette roche, sur la gauche, où Gabriel Vicaire s'arrêtait souvent pour méditer.

Cette roche fut baptisée à plusieurs reprises : roche des Soupirs, roche des Poètes, rocher de Dante, roche du Souvenir. Elle restera sous le nom de roche des Martyrs sans que l'on sache très bien pourquoi. Son véritable nom, d'après les titres de propriété des terrains limitrophes, serait *Min Gudon*. Gabriel Vicaire aimait y descendre certains soirs pour y deviser et réciter des vers avec ses amis tout en fumant sa pipe. C'est pour cette raison que quelques années après sa mort, en 1900, Charles Le Goffic et ses anciens amis, constitués en comité dans l'atelier du peintre Maxime Maufra, eurent l'idée d'y encastrer un médaillon à la gloire et à l'effigie du poète. Ce médaillon fut inauguré le 28 août 1910. La cérémonie avait été précédée, la veille, par une matinée littéraire et musicale offerte par madame Lederlin dans sa villa *Park ar Lann*. Le matin du 28 août, une pluie diluvienne avait dissuadé la foule d'assister à la fête. Pour célébrer la mémoire d'un bon vivant, quoi de mieux qu'un banquet ; celui du médaillon fut, paraît-il, plantureux bien que coûtant seulement 4 F. Il eut lieu bien sûr à l'auberge du Soleil Couchant chez la mère Aimée en grand costume de cérémonie. La photo ci-dessus fut très probablement prise vers 17 h 00, lors de la remise officielle du médaillon par Charles Le Goffic au maire Eugène Le Jannou. Surmontant la roche, on aperçoit les joueurs de bombarde et de biniou de Belle-Ile-en-Terre. Au pied de la Roche, au premier rang et de gauche à droite : X, X, Jacques Perrot dit Jakoïc (compagnon de libations de Gabriel Vicaire), monsieur Peuvrier (pharmacien à Paris et ami de Charles Le Goffic), le capitaine Le Maon, surnommé Ar Chapiten, monsieur Savard (peintre), Charles Le Goffic, X, monsieur Crocq (matelot), monsieur Changeur (président de la protection des sites) et, derrière lui, sa fille Paulette, puis monsieur Le Luron (boulanger à la Clarté) et des jeunes de la Clarté et Ploumanac'h ; au second rang : monsieur Fontaine de Bonnerive (ami de Charles Le Goffic), X, Charles Geoffroy (avocat à Lannion), Paul Péral, Louis Pollard (cordonnier à Perros), Charles Barré (avocat ou juge de Paix, de profil entre Louis Pollard et Paulette Changeur).

Voici le médaillon de Gabriel Vicaire scellé dans le granit de la roche des Martyrs, le 28 août 1910. Il est l'œuvre de Pierre Lenoir. Ceux qui ont connu le poète assurèrent que la ressemblance était saisissante, à un tel point que dans les premiers mois de la Première Guerre mondiale, quelqu'un vermillonna le nez du cher poète qui avait néanmoins écrit : "Il faut bien si l'on veut n'être de mauvais ton se griser, quand on a l'honneur d'être Breton."

Second médaillon à être scellé sur la roche des Martyrs, celui d'Anatole Le Braz, le 2 septembre 1928, deux ans après sa mort. Le Braz, bien qu'ayant peu fréquenté La Clarté, a vécu à Port-Blanc et a beaucoup écrit sur la Bretagne. Sur sa tombe est gravé : "Je suis un fils des Monts, adopté par la mer". Son médaillon est l'œuvre du sculpteur rennais, Armel Beaufils. Etudiant à Rennes, il aimait aller écouter les cours d'Anatole Le Braz.

Tous les ans, à l'initiative des amis de Gabriel Vicaire et, plus tard, des responsables du syndicat d'initiatives, jusqu'à la Deuxième Guerre mondiale, avait lieu, fin août ou début septembre, la fête des chantres du Trégor. Cette fête réunissait poètes et littérateurs, touristes et Perrosiens au pied et même au-dessus de la roche fameuse. Cette fête fut parfois appelée, à tort, pardon. Le programme de celle de 1913 est typique : samedi à 20 h 30 - Retraite aux flambeaux, feu de joie et feu d'artifice ; 22 h 00 - Bock d'honneur au restaurant Le Guer (Les Ajoncs d'Or). Dimanche à 9 h 00 - Salve d'artillerie ; 10 h 00 - Concours de boules ; 12 h 00 - Banquet public sous la présidence d'Aimée Le Gall au restaurant Le Soleil Couchant, cotisation 3 F. Après banquet : descente au médaillon en dérobée, discours, poèmes, danses ; 16 h 00 - Jeux divers au bourg de la Clarté ; 21 h 00 - Grand bal public sur la place de la Chapelle. En 1935, les officiels firent deux déplacements : le premier sur la tombe de Charles Le Goffic à Trégastel, le second à l'arrière de la villa *Le logis* (maintenant Koroll Ar Mor), rue Charles Le Goffic, pour inaugurer une plaque commémorative à la mémoire de Georges de Lys (commandant Fontaine de Bonnerive) avant d'entamer le banquet traditionnel à l'auberge A la Descente des Pèlerins.

Le troisième médaillon apposé sur la roche des Martyrs fut celui de Charles Le Goffic œuvre du sculpteur Louis-Henri Nicot. Ce médaillon fut inauguré, le 26 août 1934, au cours d'une grande fête. Le médaillon était prêt depuis longtemps et aurait dû être inauguré l'année précédente, mais madame Le Goffic s'y opposa pour laisser la primeur commémorative au monument de Lannion. Charles Le Goffic est représenté sur ce médaillon revêtu de son habit d'académicien. Charles Le Goffic dans les derniers mois de sa vie, posa dans l'atelier de Louis Nicot, passage Alexandre à Paris, afin de confectionner ce médaillon le plus fidèlement possible, dans l'intention de le voir placé sur la roche des Martyrs.

Un quatrième médaillon, lui aussi œuvre de Louis Nicot, fut apposé pendant quelque temps sur la roche des Martyrs. C'était le médaillon ci-dessous, celui du commandant Georges Fontaine de Bonnerive, dont le pseudonyme d'écrivain était Georges de Lys. Il fut scellé, le 23 octobre 1936, par monsieur Ménet président du Syndicat d'initiatives et ceci malgré un vote défavorable du conseil municipal en date du 18 juillet de la même année. Cet acte fut ressenti comme d'autant plus profanateur que depuis le mois d'août, la demande d'apposition du médaillon de Léon Durocher, présentée officiellement par Léon Dubreuil, attendait encore réponse. Louis Even indiqua au conseil municipal que les familles des trois autres “médaillés” menaçaient de faire enlever leurs médaillons si celui de Georges de Lys y était maintenu. S'ensuivit un grand point d'interrogation : à qui appartenait la roche des Martyrs ? La municipalité de Perros-Guirec détenait-elle autorité en la matière ? La réponse des experts et de la préfecture ne permit de statuer que le 2 mars 1937 par une présomption de propriété en faveur de la commune. Le médaillon de Léon Durocher fut apposé sur une roche proche de la chapelle Ste-Anne à Trégastel en août 1937.

Le sémaphore du Cribo à la Clarté. Propriété de la Marine nationale, il veille sur une côte qui s'étend de l'Ile de Batz à l'ouest, jusqu'aux Héaux de Bréhat à l'est. Le voici entre les deux guerres.

Ce sémaphore avait en charge le déclenchement de l'alarme du canot de sauvetage de Ploumanac'h. Pour ce faire, il fut doté du canon d'alarme, ci-dessus, par la société de sauvetage. Remplacé par des alarmes plus électroniques, ce canon a disparu du sémaphore, mais n'a peut-être pas quitté la région à ce qu'on dit. Il se peut qu'un jour, il prenne le chemin de Pors Kamor où se trouve l'abri de la société de sauvetage qui a monté un petit musée pour faire revivre son passé.

II

Ploumanac'h

Nous avons choisi cette image pour symboliser Ploumanac'h, car ce chaos de rochers de granit rose nous fut laissé en guise de point d'interrogation. Certains auteurs y voient la trace du passage de titans, le jaillissement de "bêtes apocalyptiques", des écroulements de "cités géantes" de "donjons découronnés". Ploumanac'h, c'est aussi la mer qui pénètre intimement ce chaos granitique. Une mer sans cesse renouvelée, rarement douce, qui a modelé la terre et les êtres à sa façon. Poulmanac'h selon son ancien nom, le marais du Moine, eut une importance maritime incontestable dès l'époque celtique. La qualité du refuge constitué par son port en est la raison. Plus tard, à la fin de l'empire Romain, des guérites ou des petits châteaux défensifs furent édifiés à l'entrée du port : Castel Bihan et Castel Braz. De ce dernier, on voyait encore des traces au début du siècle sur le grand rocher de la Tortue, à gauche de la plage de la Bastille. Ce fortin fut complètement démantelé, en 1594, pendant la guerre de la Ligue. Il semble que par la suite Ploumanac'h eut une éclipse de plusieurs siècles, jusqu'à ce que le tourisme vienne changer, bouleverser, ce petit village de pêcheurs comme on le verra à travers les photos et cartes postales qui suivent.

Dans la nouvelle école de la rue de St-Guirec, construite vers 1920, voici la classe de 1929 de l'école de Ploumanac'h ; ces jeunes ont alors autour de 10 ans. Voici leurs noms de gauche à droite, au premier rang : Denis Bouffant, Jean Le Goff, Marcel Lissillour, Pierre Ledan, Guillaume Lejeune, Pierre Le Gaouyat, Louis Le Corre, François Jégou, Arthur Lissillour ; au deuxième rang : Jeanne Bouffant, Clémence et Ambroisine Le Goff, Victoire Leperson, Marie-Louise Milin, Célina Le Roux, Cécile Ollivier, Yvonne Tilly, Jeanne Le Goff, Louise Le Penven ; au troisième rang : Louisette Le Lay, Yvette Le Luron, Marie Keraudren, Amédine Tilly, Christiane Camille, Yvonne Penven, Hélène Lissillour, Yvonne Ollivry, Marie Chevanton, Jeanne Ledan ; au dernier rang : Hélène Lejeune, Camille Le Goff, Maurice Griguer, Pierre Ledan, Louis Le Gall, Jean Le Roux, Jean L'hémeury, Victor Le Goff, Yves Keraudren, André Crec'hriou.

L'hôtel du Phare vient d'ouvrir, 1908. C'est Stanislas Le Luron et sa femme (née Reu) qui l'ont fait construire. Stanislas était le grand-père de Thierry Le Luron. Ces deux personnages sont célèbres à Ploumanac'h. Quand Thierry a commencé à percer, ceux qui avaient connu Stanislas ont dit "Thierry c'est Stanislas". Les Ploumanacains qui l'ont connu en gardent un excellent souvenir car il n'arrêtait pas de les faire rire. Pour le mardi Gras, ou plutôt le mercredi des Cendres, il se déguisait, revêtant une grande cape noire, et allait noyer mardi Gras sous les murs de la villa *Bagatelle* après une pseudo cérémonie religieuse avec bénédiction du défunt et surtout avec un discours fleuve en latin de cuisine. Les enterrements de Mallargé par Stanislas Le Luron attiraient plus de monde que les vrais. L'hôtel du Phare fut vendu en juillet 1928 à Yves Limbourg, le fils des propriétaires de l'hôtel Bellevue. Il l'agrandira en 1930 et l'hôtel restera dans la famille Limbourg jusqu'en juillet 1972 lorsque Julien Le Roux l'acheta.

Voici en 1918 la petite maison de Loulou Ropars où il avait son atelier de matelassier. Debout à gauche, Maria Mangard, la grand-mère de Loulou, tient dans ses bras Joseph Mangard dit Vag A Vig (futur marin et garde maritime). Debout, un peu en retrait, se tient Jeanne-Marie Perrain, la mère de Loulou ; à droite, avec un chapeau, Louis Perrain, le beau-père de Maria et, à côté de lui, Yves Guellaën, le garçon portant le "Bachi" sur la tête ; Alfred Painchaud est, quant à lui, resté assis. La petite maison de Loulou Ropars daterait de 1600 et serait l'une des plus anciennes de Ploumanac'h.

Un panorama du port de Ploumanac'h vers 1910. A droite, se dresse l'hôtel des voyageurs, au centre, la maison Rumeur et, à gauche, les maisons Allain.

Au bout de la rue Karhent Bihan, voici la pension de famille *La Brise*, en 1932. Sa propriétaire, Blanche Jégou (épouse de Jean Crochet) était veuve depuis 1918. Sur le pas de la porte, en robe blanche, c'est sa nièce Yvonne Jégou, qui épousera plus tard André Geoffroy et qui habite toujours Ploumanac'h. Madame Crochet construisit d'abord la maison de droite en pierres et y établit une petite pension de famille en 1924. Un peu plus tard elle l'agrandit d'une aile gauche pour la porter à 11 chambres. Elle tint *La Brise* jusqu'en 1940.

Le premier hôtel de Ploumanac'h, A la Descente des Voyageurs, était tenu par la veuve Lageat (arrière-arrière grand-mère de l'auteur). Maryvonne Le Coz avait épousé, en 1862, le capitaine Noël Lageat. Ce dernier, âgé de 31 ans à ce moment, commandait un bateau nommé *La Vénus*. Il fut dispensé de la publication des deuxième et troisième bans à condition qu'il reprenne la mer sitôt le mariage célébré. Après avoir commandé les bateaux des autres, il acheta en juillet 1869, le brick *Louis XIV*. Appareillant le 3 septembre 1871, de Caen, il se perdit corps et biens selon la formule consacrée. Pour Maryvonne Le Coz ce ne fut pas qu'une formule ; elle dut payer toute sa vie le bateau que son mari n'avait pas assuré. Sur cette photo prise en 1909, la voiture, à gauche, appartient à monsieur de Lespinasse (éditeur de cartes postales). Il est en train de prendre l'apéritif avec la veuve Lageat et sa fille Anaïs sur la petite terrasse à droite. A côté de sa voiture, la jeune fille en coiffe est Francine Moreau (épouse Penven). Le cheval sur lequel est montée Yvonne Le Val, fille d'Anaïs (future épouse Chevalier et grand-mère de l'auteur) s'appelait *Eclair*. A droite, le petit garçon tenu par une dame en coiffe est Honoré Boscher, fils d'Honoré Boscher-Belleissue, le douanier. Léon Dubreuil rapporte que Ernest Renan aimait venir discuter avec madame Lageat lorsqu'il séjournait à Rosmapamon en Louannec.

Après les Lageat, A la Descente des Voyageurs fut tenu par la famille Geoffroy et surtout par Maryvonne Cren, épouse de Pierre-Marie Geoffroy, pêcheur de métier et, de surcroît, patron du bateau de sauvetage. Maryvonne Geoffroy eut 7 enfants, 6 filles et un garçon. Elle prit cet hôtel, café, tabac aux environs de 1914. Sa fille Yvonne lui succéda ; l'hôtel des Voyageurs fut donc tenu par des membres de la famille Geoffroy jusqu'en 1970 environ. Comme le montre cette photo, c'était un hôtel pieds dans l'eau, à tel point que les bateaux goémoniers venaient décharger à marée haute au bas de l'hôtel. Ce petit hôtel fut de tout temps beaucoup fréquenté par des écrivains et des peintres.

Au pied de l'hôtel des Voyageurs, à marée haute, il y avait un grand trou d'eau avant l'édification du quai Bellevue. Dans la brochette d'enfants photographiée ci-dessous, des anciens ont pu reconnaître, à gauche, Yvonne Geffroy, qui prendra la suite de sa mère à l'hôtel des Voyageurs avec, à côté d'elle, Marie Guluche, cousine d'Yvonne, et des frères et cousins de ces dernières. Ils viennent de pêcher un poisson et posent fièrement pour le photographe.

En s'avançant un peu plus dans le port... en 1900-03. A droite, surplombant les petites maisons ploumanacaines, c'est la villa *Bagatelle*.

Bagatelle vers 1893. Ce fut une des toutes premières villas construites à Ploumanac'h, vers 1890, par Louis Christophe sur un terrain acheté à la fabrique de la paroisse de Perros-Guirec en 1887. Louis Christophe était constructeur d'usines à gaz et, à l'époque, se trouvait à Guingamp pour y exercer son talent. Après un agrandissement vers chez les Godec en 1934, il a jugé que *Bagatelle* ne convenait plus à cette grande maison qu'il rebaptisa *Ker Goz*. Sur cette photo prise par monsieur Christophe, on voit à l'arrière plan, à gauche, que l'hôtel des Rochers n'est pas encore construit. A droite, la maison de Gaby Godec n'a pas encore perdu la partie qui servira à agrandir la route et, encore plus à droite, la maison du capitaine Dagorn et de son épouse, Maryvonne Chevalier, où un soufflet sera installé pour alerter l'équipage du canot de sauvetage lors d'un naufrage. A cette époque la mer venait battre le mur du jardin de *Bagatelle*.

Entre Chez Godec et *Bagatelle*, la coque d'un vieux lougre achève de se démembrer en 1895. A cet endroit, particulièrement abrité et ensoleillé, les Ploumanacaines aimaient venir profiter de l'Anan Bihan, le petit été (été de la St-Martin) par certains beaux jours d'automne.

Il y avait du beau sable à cette époque (1896) au pied de *Bagatelle* ; les Christophe y avaient planté leur tente de plage.

Un coup d'œil à gauche en allant vers les moulins à mer, nous montre que les jardins des autres maisons du quai Bellevue avaient aussi “les pieds dans l'eau”.

L'hôtel Bellevue sera construit à cet endroit quelque temps après. La photo fut prise de la chaussée du moulin à mer du petit Traouiero.

Canotage dans les viviers près de Milin Ru, le moulin à mer du petit Traouiero, en 1894, juste devant l'endroit où va être construit l'hôtel Bellevue. Dans les petites maisons de droite il y aura, plus tard, le bureau des douaniers.

L'un des douaniers, Honoré Boscher-Belleissue est, ici, photographié en 1921 devant son bureau, entre l'hôtel Bellevue et la maison Guillouzer. Il est en compagnie de son épouse (à gauche). Il fut longtemps conseiller municipal et son épouse tenait la poste de Ploumanac'h, installée, quelque temps, dans la maison Guillouzer et, par la suite, dans un petit bâtiment en pignon de leur maison, face du bureau des Douanes.

L'hôtel Bellevue fut construit vers 1896 par Abdank et vendu par sa fille Sophia au couple Limbourg en 1898. Les Limbourg sont originaires du sud Finistère : de St-Goazec, près de Châteaulin, pour Louise et de Pont-Aven pour Prosper. Curieusement, l'origine précédente de la famille Limbourg (ou Limbour) est établie à Maastricht (Hollande). Les Limbourg avaient déménagé plusieurs fois avant de trouver leur terrain d'élection à Ploumanac'h dans cet hôtel que Bruno Abdank avait construit pour loger ses amis. Son emplacement, face au couchant et à l'entrée du port, ainsi que l'amabilité et la rigueur de sa patronne en assureront le succès. Cette anecdote en témoigne : un jour, un voyageur, monsieur Rivalta, s'arrête devant l'hôtel Bellevue pour demander son chemin pour l'hôtel des Rochers. Madame Limbourg lui répondit avec tellement d'amabilité qu'il n'alla pas plus loin. En outre, charmé par la vue de cet hôtel, il loua par la suite la maison voisine ; au fil des ans, cette maison fut connue sous le nom de *Rivalta* alors que ce dernier n'en fut que locataire.

Portraits du couple Limbourg. Les personnes qui ont connu madame Louise Limbourg (née en 1869) se souviennent de son charme, de sa prestance et de son énergie. Son hôtel était toujours impeccable. Elle détestait voir arriver les touristes à marée basse car la vue sur le port à sec amenait toujours déceptions et réclamations. Elle a porté toute sa vie la coiffe de St- Goazec comme sur ce portrait. Les Ploumanacains l'avaient surnommée "Ar Voulousen" à cause des entre-deux de velours de ses robes. Prosper Limbourg était très différent de sa femme. Né en 1860, il excellait surtout dans le domaine artistique. Il peignait un peu et surtout sculptait le bois avec maestria. Il adorait la compagnie des intellectuels et des artistes qui étaient nombreux à fréquenter l'hôtel. Il décédera en 1910.

Prosper Limbourg, assis sur les marches de la croix de St-Gorgon (ou Golgon) en Trégastel, devise avec son ami Charles Le Goffic. Peut être avaient-ils mis leurs pas dans ceux de Gabriel Vicaire et de Jacoïc ? Récitent-ils les vers de leur grand prédécesseur : "Jacoïc m'a guidé parmi les pays verts/ Et nous voici tous deux au bout de l'univers/ En un recoin charmant de l'antique Bretagne/ Entre la mer fleurie au loin et la montagne./ De grands arbres touffus avec un filet d'eau/ Derrière, sans recteur, vicaire, ni bedeau/ Une toute mignonne et rustique chapelle/ Saint-Golgon, c'est l'étrange nom dont on l'appelle."

Face à l'hôtel Bellevue, près de la retenue d'eau du petit Traouiero, existaient au début du siècle, de grands bassins où se faisait la conservation des crustacés. Ils furent, un temps, la propriété d'Abdank qui chercha à y faire l'élevage de homards. Ces viviers sont maintenant comblés et constituent le jardin d'une charmante maison qui fut celle d'Honoré Boscher-Belleissue.

Dans un acte d'achat d'août 1901, Prosper Limbourg est intitulé "Négociant-gérant des pêcheries de Ploumanac'h" et par le miracle des cartes postales on le voit ici en train d'exercer son métier. C'est lui qui est à gauche, en haut des marches, en costume trois pièces et une épuisette à la main en train de repêcher des crustacés mis là en attente d'expédition (ou de cuisine).

Voici en 1931, Adrien Cola-Briand. Il construisait des bateaux sur les viviers partiellement comblés. Adrien était le fils du charpentier de marine-calfat Nicolas Briand que nous pouvons nommer maintenant grâce à sa petite fille, Marie Ollivier, qui l'a reconnu. Adrien était, pendant l'été, un des marins de monsieur Eiffel et construisait des bateaux le reste de l'année. Il était marié à Jeanne-Marie le Gaouyat.

L'hôtel Bellevue au temps de sa splendeur ! Une aile a été ajoutée à droite vers 1912 ainsi que des garages. La voiture, à droite, a été offerte à Yves Limbourg, en 1925, par sa mère en cadeau de mariage. L'hôtel Limbourg était très fréquenté, de nombreux peintres y descendaient et payaient souvent leur note en tableaux. On y mangeait bien, le fils, Guillaume Limbourg, dit "Lolo", était aux cuisines. Il mettait un tel point d'honneur à contenter sa clientèle qu'un jour alors que sa mère avait concocté un repas pour une bande de l'île Renote en Trégastel, Lolo décida de l'améliorer en y rajoutant une omelette aux champignons ; les convives ne purent la manger et ce fut la serveuse qui dut la finir, Lolo craignant que sa mère ne l'apprenne. Pendant la nuit, cette dernière fut prise d'une telle indigestion qu'il fallut aller chercher le médecin. La pâtisserie, à gauche de l'hôtel, fut tenue par monsieur Audibert chez qui Gaby Godec commença sa carrière à 11 ans.

Le meilleur moment des régates était la distribution des prix qui se faisait au balcon de l'hôtel des Rochers. Il fallait aller chercher son lot en montant à l'échelle : 1er prix : 20 F. ; 2e prix : 10 F. ; 3e prix : 5 F. ; 4e prix : une magnifique œuvre d'art ! En fait, pour les pêcheurs, c'était surtout pour l'honneur, puisque leurs gains en espèces, ils les mettaient au pot commun au café du Port. Parmi les anecdotes des jours de régates, s'il en est une qui mérite de passer à la postérité, c'est bien l'exploit de "Sardine", Yves Savidan ; il était surnommé ainsi depuis que, tout jeune, il était tombé d'un bateau dans un banc de sardines ! Un jour de régates à Ploumanac'h, le clou de la fête devait être l'arrivée d'un célèbre nageur parti de Perros. Tout à coup, la foule, massée sur les quais, pousse un cri d'admiration en voyant arriver un nageur débouchant de la pointe. Sous les applaudissements, il traverse le port et enfin sort de l'eau. C'était Sardine ! Il s'était mis à l'eau juste derrière les rochers de l'entrée du port. Son succès éclipsa complètement l'arrivée du vrai nageur. Sur cette photo des régates de 1933, on voit, au premier plan, les viviers en cours de comblement.

La villa *Ker Maria*, plus connue sous le nom de maison Huart, sur la rive droite du petit Traouiero, fut construite en 1898. Cette maison appartient encore à ses descendants.

Voici la vue que l'on pouvait avoir au début du siècle lorsqu'on prenait l'apéritif sur la terrasse de l'hôtel Bellevue. A gauche, Milin Ru et la chaussée du moulin qui était la seule route pour aller de Ploumanac'h à Trégastel. A droite au fond : Milin Glaz.

Milin Ru signifie le moulin rouge, car dans sa version originale il portait un toit de tuiles rouges. C'est fort dommage que lors de sa réfection on lui ait enlevé son originalité qui permettait de le différencier du moulin du grand Traouiero : Milin Glaz (le moulin Bleu). Milin Ru fut acheté, le 15 mars 1896, par Bruno Abdank pour 7 000 F à Pierre Geoffroy, boulanger. Il servira à fabriquer de la glace pour la conservation du poisson local lors des expéditions et de sa commercialisation.

En s'éloignant un peu plus sur la route qui conduit à Trégastel, panorama sur Milin Ru, l'hôtel Bellevue et *Ker Maria* qui appartenaient aux Gamand à cette époque (1910). Sur la chaussée, les enfants Loyau (Simone, Madeleine et Pierre) rentrent de chez leurs grand-parents, les Gamand, en empruntant la route de Trégastel pour regagner la maison de leurs parents, *Ker Caouet* de l'autre côté du port. Au-dessus de cet endroit, sur la rive gauche du petit Traouiero, on aperçoit encore émergeant de la végétation ce que certains prennent pour les ruines d'une maison. En fait, il s'agit d'une maison non terminée dont la construction avait été entreprise par mademoiselle Chenot. Madame Fournier, propriétaire à ce moment de la maison Duthoit en a fait arrêter les travaux.

Juste après Milin Ru, en bordure de grève, c'est la maison que Georges Sabbagh fit construire en 1933, un peu sur les plans de la maison Guillouzer sa voisine, qu'il avait loué entre 1923 et 1926. Il nomma cette maison *Djeser Ka Ra* du nom d'un pharaon de l'Ancien empire. Il y séjourna avec sa famille tous les étés jusqu'en 1938.

Sur cette carte postale, dont la photo a dû être prise entre 1896 et 1897, on voit le pignon de l'hôtel Bellevue qui vient d'être construit alors que la maison Huart est absente...

...de l'endroit où elle sera construite en 1898, comme on peut le voir sur cette carte prise plus tard, dans le même axe.

A droite, la maison de madame Duthoit. Louise Limbourg se souvient d'avoir été amenée par sa grand-mère chez madame Duthoit. Son oncle "Lolo" lui disait alors qu'elle allait chez "les dames de l'autre siècle" ! Belle formule.

Construit en 1918, en granit rose et ciment, par des prisonniers Allemands, ce pont était nécessaire au passage de la "corniche Bretonne" vers Trégastel pour remplacer la chaussée des Moulins.

Le moulin du petit Traouiero photographié vers 1890 alors qu'il avait encore son toit. Jacoïc, compagnon de promenades et de libations de Gabriel Vicaire y fut garçon meunier. C'est dommage qu'il soit actuellement envahi par la végétation qui précipite sa fin. Nos anciens n'aimaient pas ces lieux qu'ils disaient être fréquentés par les Kornandons. Aimée Le Gall, la mère Aimée, affirmait les avoir rencontrés : pas plus hauts qu'une botte, portant chapeau à larges bords pour les parents et bonnets rouges pour les enfants, ils vivaient en famille dans la vallée du Petit Traouiéro. Ce que Gabriel Vicaire s'est empressé de mettre en vers : "Le jour de Notre-Dame/ Au retour du pardon/ J'ai vu le Kornandon/ Et sa petite femme./Tout à fait engageant/ Etait le joyeux couple./ Et quelle échine souple !/ Et quels cheveux d'argent !..."

Un lavoir dans la vallée du Petit-Traouiero.

La croix de Randreux, dont le Christ est anormalement tourné vers l'Ouest, se trouve entre les deux vallées des Traouiero, et dominait Ploumanac'h avant la pousse des arbres.

Au fond de la vallée du grand Traouiero, où nous nous trouvons maintenant, il y avait aussi un moulin qui était en ruines au début du siècle. Près du moulin, on trouvait un petit lavoir, simple retenue d'eau sur le ruisseau de Kerougant.

Le vieux moulin hanté ! Ce moulin en ruine n'est même plus assez confortable pour les pauvres fantômes.

D'ailleurs, s'il avait été hanté, ces jeunes filles auraient-elles eu l'air aussi décontracté ?

Les ménagères des fermes alentour venaient laver leur linge au petit lavoir du moulin hanté…

…Sauf les jours de grande marée à pleine mer, le lavoir est sous l'eau !

Rêverie devant le port de Ploumanac'h en septembre 1895. Peu de bateaux sur l'eau, peu de maisons sur la terre.

Continuons notre tour du port de Ploumanac'h en passant par la rive trégastelloise.

Le petit pont, sans nom, qui permet encore de nos jours d'accéder à la cale, courbe moins l'échine que sur un très beau tableau d'Albert Clouard.

Un peu plus près de l'entrée du port, *Ker Caouet* ou maison Loyau pour les anciens, ou maison Guégan pour les plus jeunes. Cette maison est encore une fois la conséquence d'un coup de foudre qui saisit Albert Loyau alors qu'un voyage à bicyclette, en 1896, l'amena à Ploumanac'h un peu par hasard. Il l'appela *Ker Caouet* car toute la pointe s'appelait Crec'h Caouet.

Le yacht au premier plan est le magnifique *Arod* à monsieur Fortier-Maire, qui enlevait, haut la main, toutes les régates où il s'alignait. Derrière, à droite, c'est le *Simone LA 376*, construit pour Henry Tilly (dont la fille s'appelait Simone) et Emmanuel Lissillour (le mari de Jegoen) ; elle fut vendue plus tard aux frères Bouffant. Sur la gauche, Laurent Le Gall, ancien marin au commerce et pêcheur pendant sa retraite, rentre à la godille sur son *Guénolé*, construit en 1923 à Ploumanac'h et qu'il vendra en 1933 à Yves Coadou du Trévou.

A la fin du siècle dernier, sur la grève du Crec'h Caouet, avant que Albert Loyau ne découvre ce terrain. A droite, le bateau avait été baptisé *La Renommée*. Construit, en 1879, à Perros-Guirec pour Le Guern de Trégastel, il fut racheté par Lissillour de Ploumanac'h. *La Renommée* fut dépecée en 1900.

En 1895, la partie nord du port est un peu moins déserte que le reste. A gauche, la maison *Ker Louis* appartient à l'époque au capitaine au long cours Le Corre avant d'être achetée par les Cren. Cette maison est aussi appelée maison Gaffric. Selon Léon Dubreuil, elle aurait remplacé la maison des Le Provost, dits de Pencrec'h. Vers la droite, on aperçoit la petite maison aux trois mansardes, propriété des parents Pierres, et celle de Soazic "Lond" qui portait des fagots d'ajoncs plus gros qu'elle. Un peu plus loin, la maison à étage appartient à la famille Augel. Plus à droite, on aperçoit le pignon de la maison Jégou devant la maison de Jegoen. L'hôtel des Rochers sera construit 2 ou 3 ans après cette photo. Finalement, la maison *Ker Glazic* en retrait de la grève appartenait à Louis Le Rolland et ensuite aux Le Gaouyat.

Quelques années plus tard les Padel ont construit leur maison et ses dépendances dont des viviers couverts et une cale personnelle qui rejoint le rocher en face de la maison Gaffric. Au premier plan, la cale de Pen Ar Crec'h construite vers 1883.

Sur cette photo prise en 1904, plusieurs chaloupes de Ploumanac'h, au retour de la pêche, viennent de s'amarrer à cette cale. Au premier plan, le *La Clarté* L448 de Sylvestre Le Goff et François Perrain fut construit en 1903, à Ploumanac'h, tout comme *Les Deux Sœurs L449* de François Botcazou et Eugène Le Penhuel. Aux régates de 1906, à Perros, ces deux bateaux ont terminé aux deux premières places. A gauche, *Les Trois Sœurs L285*, construit en 1896 à Perros, appartient à François-Marie Le Gall et Jégou. En arrière plan, Louis Le Goff arrive à la godille sur son *St-Pierre* construit en 1897, à Perros ; il fera naufrage le 28 janvier 1905. Au fond, à droite, c'est Yves Geffroy à bord du *Mutin*.

A la même cale lors des régates, en 1938, plusieurs bateaux sont visibles. Au premier plan, on aperçoit *La Marie*, chaloupe verte et blanche de Sylvestre Le Goff. Sylvestre était toujours accompagné de son matelot, Marcel Maisonneuve (sur la droite avec son béret). A gauche, on reconnaît Pierre Lédan. A droite, Pierre Le Gaouyat (fils) au se trouve sur le bateau du commandant Rolland, le *Fistouillot*, en compagnie d'Yves-Marie Guéllaen et de son père, Pierre Le Gaouyat. Plus à droite, sagement assise sur l'arrière d'un bateau, c'est Angèle Le Goff. Le grand bateau blanc amarré à la cale Padel, en arrière plan, est le *Lame 3* qui appartenait à monsieur Le Normand, capitaine de l'armée en retraite, qui fit de nombreuses escales à Ploumanac'h, et qui servit de mentor maritime aux fils Sabbagh.

Voici la rentrée au port d'une partie des concurrents des régates de Ploumanac'h de 1931. Derrière le petit cotre blanc, le *Christiane LA249* précède de peu, mais au vent, *L'Espérance LA247*. Tous deux sont suivis par le *Gabrielle LA 523* et le *Simone*. Après un dernier bord dans le port les résultats furent les suivants : 1er, *Espérance* (patron Y. Ollivier), 2e, *Simone* (patron E. Lissillour), 3e, *Gabrielle* (patron Y. Le Goff), 4e, *Christiane* (patron F.M. Le Goff). Dans le palmarès de ces régates, nous trouvons aussi en plaisance les noms de célèbres propriétaires de Ploumanac'h. Dans la première série, on trouve : 1er, *Arod* (patron monsieur Fortier-Maire) et 2e, *Moravagine* (patron monsieur Guégan) ; dans la deuxième série : 1er, *Morgane* (patron monsieur Eiffel) et 2e, *St-Maurice* (patron monsieur Roulleau) ; dans la troisième série : 1er, *Le Scélérat* à monsieur Labey (skipé par Jean Le Goff), 2e, *La Mouette* (patron monsieur Tilly), 3e, *Vif Argent* (patron monsieur Edange), 4e, *Le Korrigan* (patron monsieur Regnard) et 5e, *Alcyon* (patron monsieur Bosc).

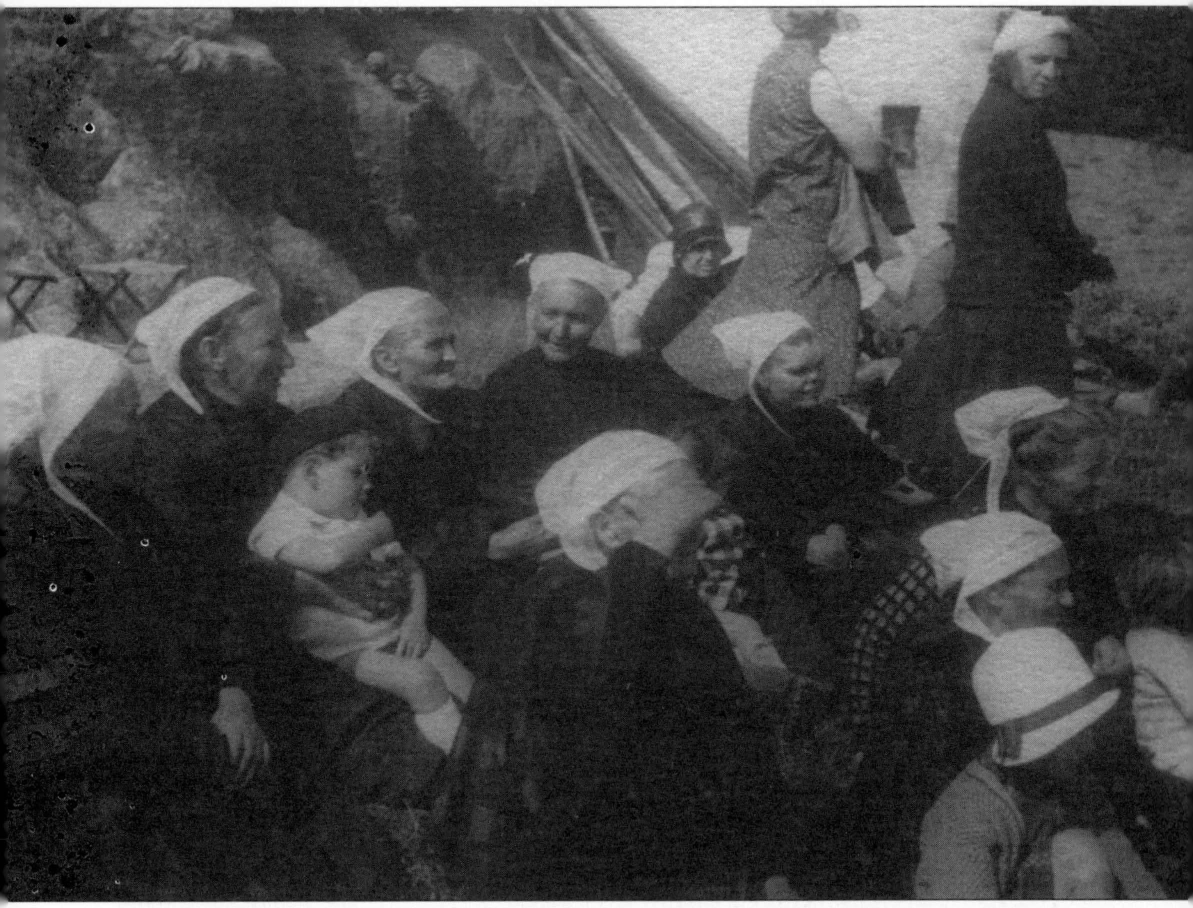

Voici une belle photo prise dans l'assistance, à la pointe de Pen Ar Crec'h. Ce jour-là, on scrute le port pour savoir qui va gagner : *L'Espérance*, le *Gabrielle* ... ou peut-être même le *Christiane* ? De gauche à droite : la deuxième femme avec un enfant sur ses genoux est Marie-Louise Le Chevalier (épouse Nicolas Le Bihan), suivie de Marie-Louise Ollivier (épouse Botcazou), puis d'Emilie Ollivier (épouse Paul Tilly) et de Marguerite Ollivier (sœur de "Soaze Lippi"). Au centre, la main sur le front, Marie-Louise Le Penven (épouse Ollivier).

Sur les rochers plats, côté ouest de Pen Ar Crec'h, deux pêcheurs réparent un filet dont la profondeur est inhabituelle ; c'est un filet à mulets.

Le capitaine Le Normand, à bord du *Chéribibi* en 1929, accompagné, de gauche à droite, de Jean et Pierre Sabbagh. Pour rafler les premiers prix des régates, le *Chéribibi* était supérieur à leur propre bateau (4 mètres de long et 9 de mâture), le *Jean-Pierre*, un canot à misaine offert par leur père. Dans l'un de ses articles, René Jean, critique d'art de l'entre-deux guerres, parle des peintres qui ont élu domicile estival dans la région (Maurice Denis, Georges Sabbagh) et il écrit : " Ces peintres ont des fils qui écoutent la voix de la mer et se laissent enchanter par elle. La témérité de Dominique Denis (fils de Maurice) partant seul sur son bateau effare même les marins. Jean et Pierre Sabbagh passent leurs heures de loisirs au large avec les pêcheurs et, malgré leur jeunesse, montés sur une barque, explorent les environs du port de Ploumanac'h. L'un comme les autres ne rêvent ni de formes ni de couleurs. La Bretagne qui les façonne a tourné leur cœur vers la mer. Elle donne à ses fils d'élection les mêmes rêves qu'à ses fils naturels." La Bretagne qui les façonne a tourné leur cœur vers la mer... paroles oh combien prémonitoires, quand on sait que l'un d'entre-eux deviendra amiral !

Ploumanac'h compta de grands capitaines de la marchande. Voici portraituré par P.E. Pajot, le *Louise B.*, appartenant à un armateur de Sète, monsieur Bonafous. Cette goélette de 200 tonneaux était commandée par François Le Gaouyat (père d'Yvonne Quéré). Le célèbre portraitiste de bateaux l'a représentée faisant route, malgré le gros temps, à l'entrée de La Manche. Le frère de François Le Gaouyat commandait l'*Emile B* du même armement qui se perdit corps et biens dans le golfe de Gascogne.

Portrait du *Gracieuse*, la goélette de 76 tonneaux. Denis Lageat, originaire de Ploumanac'h, fut commandant à son bord d'avril 1877 à février 1883 et la racheta petit à petit. Au cours de sa carrière, ce dernier commanda aussi le *Mathilde* et le *Marie-Augustine* qui a donné son nom à un ponton du port de Perros-Guirec.

Le port de Plounanac'h a façonné de bons marins depuis des siècles. Au XVe siècle, des bateaux envoyés en Ecosse par le duc de Bretagne pour chercher sa seconde épouse, Isabelle Stuart, étaient déjà montés par des Ploumanacains (accompagnés de Perrosiens, Trégastellois et Trébeurdinais). Le voyage fut une telle réussite qu'ils y gagnèrent un anoblissement. En outre, en 1533, Yvon Raymond, armateur et capitaine de Poulmanac'h, aurait armé un bateau qui serait allé jusqu'au large de Terre-Neuve pêcher la morue à avec une flotte de la Rochelle... et cela un an avant que Jacques Cartier n'aille au Canada !

L'*Augustine*, chaloupe de 3 tonneaux de Ploumanac'h, rentre de la pêche accostant au rocher du bout de la cale Padel. Cette chaloupe fut construite en 1901, à Perros-Guirec, pour François Guégou et Salaün.

Jeux d'adolescents dans un canot dans le port de Ploumanac'h. Sur ce canot, on peut reconnaître les demoiselles Christophe (de Bagatelle) : Madeleine, la plongeuse, et de Edith, assise à droite. Derrière, on remarque la maison Augel (le premier mareyeur de Ploumanac'h de notre siècle) et la petite maison d'Yvonne Jégou (construite par ses grand-parents en 1882) ; par contre, la maison Padel n'existe pas encore. Sur ce cliché, on aperçoit également la communauté Ste-Anne à Trégastel. Une anecdote concernant cette dernière mérite narration : un moniteur, accompagné d'une troupe d'enfants, demanda un jour à Soaze Lippi, le chemin pour la communauté. Celle-ci ayant entendu les touristes parler de "commodités" fit une confusion et d'un geste large désigna le bord du port, quai Bellevue, tout en proclamant : "Oh ma foi, vous pouvez aller faire n'importe où sur le crec'h !"

Magnifique cliché de monsieur de Lespinasse. Cette scène se passe devant les petites maisons de chez Padel. Jeanne-Marie Padel est à genoux, en train de trier les ormeaux qu'elle va acheter. Une mesure en bois permettait d'éliminer les trop petits. Derrière, à droite, se tient Marie-Louise Le Chevalier Sevalière et, au centre, avec un châle noir et un tablier à carreaux, madame Lissillour (surnommée "Jegoen"). La mère de cette dernière, Françoise Geoffroy, tenait le café du port près de l'hôtel des Rochers, plus connu sous le nom du café de Soaz Chavey. La maison de Jegoen sera achetée par Thierry Le Luron. Au premier plan, à genoux, Yves Padel compte les ormeaux. En 1902, très peu d'années avant cette scène, les pêcheurs se plaignaient de la rareté des ormeaux. Ils n'avaient pêché que 3 à 4 douzaines au lieu des 7 ou 8 habituelles. Le prix des ormeaux à cette époque était de 0,20 F à 0,25 F la douzaine. A titre de comparaison, les œufs sur le marché de Lannion valaient 0,90 F la douzaine ! Les temps ont bien changé.

Retour de pêche derrière chez Padel. Cette rue n'a pas toujours existé. Pour transporter les matériaux lors de la construction du château de Costaères, les charrettes passaient par la grève en-dessous de la maison Padel. Surplombant cet endroit, sur la droite, il y a un rocher baptisé *Garec Ar Rouejo*, (le rocher des Filets) car les pêcheurs y mettaient leurs filets à sécher en passant derrière chez Augel.

Carte postale du tout début du siècle. La maison que l'on voit est celle de "Jégoen" rachetée, par la suite, par Thierry Le Luron. La petite maison, complètement sur la gauche, a été construite par Yves-Marie Jegou (grand-père d'Yvonne Geoffroy) et sa femme Françoise Cren ("Soaze Aren"). Yves-Marie "An Yves" était le pilote du *Zinnia*, le bateau d'Abdank. L'hôtel des Rochers, construit en 1900-01, resta la propriété d'Yves Padel et de sa femme Jeanne-Marie Le Bihan jusqu'en avril 1943 ; il fut ensuite racheté par Eugène Léon, puis, en juin 1946, par Jean-François et Léontine Perron (parents de madame Justin). Au premier plan, on peut voir Nicolas Briand qui a retroussé son pantalon pour mettre le canot au sec.

Un peu plus tard, le café du Port est construit à gauche de l'hôtel des Rochers. La petite rue, à gauche, fut tracée en 1901. On remarque aussi que le sommet des murtins est peint en blanc. C'était la coutume avant le pardon de Ploumanac'h.

Devant l'hôtel des Rochers, les touristes, montés dans les calèches pour partir en promenade, admirent les évolutions de ce canot et aussi sans doute de ce curieux photographe perché sur un bateau et qui est en train de les photographier.

Quelques années plus tard la deuxième aile de l'hôtel des Rochers est construite, mais il faut toujours descendre sur la grève pour regagner le bourg. Il est assez savoureux que cette carte postale soit intitulée "La Plage".

Madame Padel et son personnel, toutes en coiffe, se sont rassemblés sur les marches de l'hôtel pour la photo. Au rez-de-chaussée, il y avait une taverne qui marchait fort bien. Elle possédait un phonographe et des toilettes intérieures, comble du luxe ! Sur la droite, le fameux balcon de l'hôtel des Rochers d'où se faisaient les distributions de prix des régates.

A Ploumanac'h, on se souvient qu'après la Première Guerre mondiale, Emile Le Gac affectionnait particulièrement le café de Soaze Chavey car de la fenêtre du premier étage de son avancée, qu'on voit ici ouverte, il pouvait haranguer ses électeurs rassemblés dans la rue et, après discours, leur offrir un verre au bar. Sur la droite de cette carte, on voit le nouveau mur de soutènement du quai en construction.

Dans les années 1920, les voitures ont remplacé les attelages ; le quai et la rue de la pointe ont été construits. La première maison, à droite de l'hôtel, *Ker Mignonette* fut construite par les parents de Marie Rolland qui dans son cabaret de St-Guirec enchanta toute une génération après la Deuxième Guerre mondiale.

Dans les années 1930, *Ker Mignonette* fut transformée en hôtel-restaurant par Marie Rolland et rebaptisée Au Petit Pavillon Bleu. C'est là qu'elle fit ses premières armes d'hôtesse. La maison de droite est *Ker Koant* la maison de la famille Le Gaouyat.

A droite de *Ker Koant*, voici la maison du commandant Rolland en construction en 1935. Le 28 décembre 1934, en creusant les fondations de cette maison, Louis Le Morvan, ouvrier chez Hyacinthe Tilly, fit apparaître d'un coup de pioche, à une profondeur d'1,5 mètre, un vase de terre contenant un nombre important de pièces jaunâtres : 104 grandes et 84 plus petites. Pour cette raison le commandant Rolland baptisa sa maison *Ty An Trez Hor*.

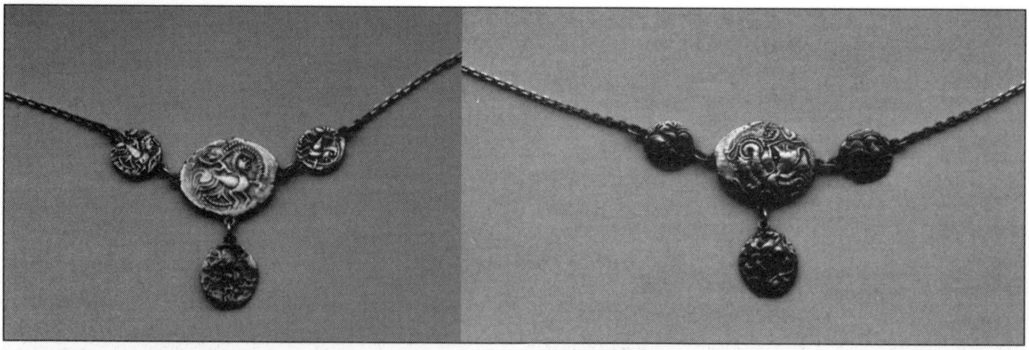

Voici la photo de 4 de ces pièces, montées en collier. Elles sont en électrum, alliage d'or et d'argent, dateraient du Ier siècle avant Jésus Christ, et ont été, vraisemblablement frappées par la peuplade celte des Osismes. Ce peuple couvrait le Finistère et la moitié ouest des Côtes d'Armor. L'importance de ce trésor témoigne de la richesse de Ploumanac'h dans un passé lointain car on peut y voir le geste d'un riche marchand, armateur, voulant protéger sa fortune. Il est probable que le havre naturel et sûr que constitue le port ne manqua pas d'être apprécié par les navigateurs transportant l'étain des Cassitérides et l'ambre de Thulé sur le chemin les conduisant vers le sud et le bassin méditerranéen.

Ploumanac'h, havre apprécié aussi à la fin des années 1920 par les gens du voyage.

Un petit cirque était venu ce jour-là planter sa tente sur la grève près de l'hôtel des Rochers. La place entre l'école et l'hôtel du Phare qui recevait d'habitude les cirques devait être inutilisable.

A marée haute, la mer vint mouiller les caravanes et le bas de la tente. Ce fut déjà, avant la représentation, une attraction qui attira du monde.

Durant la Première Guerre mondiale, sur le beau et large quai tout neuf, Guillaume Ledan (né en 1912) donne la main à son père, Alexandre Zan Lédan, gardien des phares des Triagoz et des Sept Iles. Sa femme Lizic était la sœur de Francine Perrot (épouse Robinet), la future patronne de l'hôtel de la Roseraie. La deuxième maison, à droite de l'hôtel des Rochers, est celle de Francine Lédan, sœur d'Alexandre, épouse de Pierre Le Gaouyat. Les Lédan posent, ici, en face de la maison Blanchard, longtemps habitée par deux sœurs, Juliette et Gabrielle Blanchard. Cette dernière, dite Gab, était artiste ; elle peignait et sculptait.

Un exemple des créations de Gab Blanchard qu'elle eut, d'ailleurs, du mal à vendre. Cependant, son environnement Ploumanacain lui fournissait de bons sujets d'inspiration.

Entre chez Gourhand et chez Godec, Jean-Marie Lippi rentre chez lui d'un pas alerte. Le grand amusement des enfants de Ploumanac'h, à l'époque de Jean-Marie, consistait à se cacher derrière un mur ou un talus et à lui crier "loup, loup, loup..." lorsqu'il passait ... pour Jean-Marie, allez savoir pourquoi, c'était la pire injure. Il se mettait à courser les enfants et les vouait aux gémonies. A part cela c'était le plus gentil des hommes.

Pour rentrer chez lui, rue de l'Oratoire, Jean-Marie Lippi a dû souvent emprunter cette rue de la Fontaine qui donne dans la rue du Centre. A droite, c'était chez Eugènie Geffroy (madame Nicol) et, à gauche, les toits de tuiles sont ceux de la maison Crechriou. Dans le fond, à gauche, c'est la maison de Soaze Lippi qui une fois par semaine, environ, allait au ravitaillement des Petits Chats, comme elle le disait, chez Soaze Chavey au café du Port. En fait les "petits chats" en question étaient ceux des étiquettes des bouteilles de Dubonnet.

Cette belle photo due au talent de monsieur Christophe, nous montre un battage au manège dans la cour de la ferme des Crechriou vers 1895. La force motrice de la batteuse était fournie par le manège de chevaux que l'on voit sur la droite. Pour constituer le manège, ici de 8 chevaux, on rassemblait souvent les chevaux de plusieurs fermes. L'homme debout au centre du manège maniait abondamment le fouet pour faire marcher les chevaux. La force motrice était envoyée à la batteuse par un axe de métal en rotation que l'on aperçoit au ras du sol. Le battage, qui se passait début août, était un événement attendu car il donnait lieu, ici comme ailleurs, à une fête, au même titre que la récolte du goémon ou que le pardon de Ploumanac'h. C'était, au début du siècle, les seules occasions où un boucher venait à Ploumanac'h ; le reste du temps on mangeait des pommes de terre, du poisson et du porc. Yvonne Jégou se souvient qu'à la St-Michel, sa grand-mère allait à pied au marché de Lannion acheter un petit cochon qu'elle ramenait dans un sac sur son dos. On l'engraissait pendant un an ; pour lui donner de l'appétit, on lui préparait des berniques. En novembre de l'année suivante, on le tuait et sa viande devait faire tout l'hiver.

Sur la route de son logis, Jean-Marie Lippi pouvait aussi emprunter la rue du Centre et peut-être s'arrêter chez Mangard. Le commerce d'Yves-Marie Yvonnick Mangard fut une véritable institution à Ploumanac'h. Ce café, tabac, épicerie, mercerie, chaussures, tissus fut ouvert par Mathilde Lédan, épouse d'Yvonnick et sœur de Zan Lédan. Devant l'entrée du café, presque toute la famille s'est rassemblée.

Sur cette photo, prise devant la porte de la maison ci-dessus en 1912, on reconnaît : au fond avec sa coiffe, Mathilde Lédan (épouse d'Yvon Mangard) et, à côté d'elle, Yves-Marie Mangard, pêcheur. Au deuxième rang de gauche à droite : Yvon, le fils aîné, Eugènie (épouse François-Marie Le Gaouyat). Au premier rang : François Mangard (qui épousera Marie Guellaën) et enfin Joseph qui reprendra le commerce après sa mère. On disait de lui qu'il était "curé, notaire et accoucheur" à Ploumanac'h, c'est dire ses talents !

La pension de famille-restaurant de la Côte (actuellement Men-Ru) fut créée par Louise Le Goff. Sur cette carte postale de 1927-28, figurent de gauche à droite : Françoise Le Goff, (épouse Le Gall et sœur de la propriétaire), sa fille Berthe et son fils Louis, Louise Le Goff (la propriétaire), Marie Le Goff (une autre sœur de Louise), Marie-Louise Kerguenou (la cuisinière), Modeste Le Goff (épouse Chevanton) avec, devant elle, sa fille Georgette (future épouse Malacarne) aux côtés de son cousin Louis Lissillour et enfin, à droite, Noël Le Gall (époux de Françoise Le Goff et père de Berthe et de Louis). Louise Le Goff tiendra La Côte jusqu'à son décès en 1931. Sa sœur Françoise prendra la suite, en gérance, jusqu'en 1938 lorsque Jean-François et Léontine Péron en firent l'acquisition (ils achèteront plus tard l'hôtel des Rochers). Dans la salle du bas, à gauche de cette photo, il y avait souvent des bals. La terrasse au pignon sur la rue était prisée par les hommes politiques qui venaient y faire leurs discours électoraux devant une foule de Ploumanacains massée sur la rue.

Carte postale du début du siècle, illustre les derniers toits de chaume au début de la rue du Phare. La physionomie des maisons est encore reconnaissable bien qu'elles aient perdu leurs chaumes. La fin des chaumes peut-être associée au naufrage d'un bateau chargé de madriers et de planches ; en effet, ce dernier fournit du bois gratuit pour refaire des charpentes plus solides afin d'y placer tuiles ou ardoises. Le toit de la petite maison de Loulou Ropars fut ainsi refait par son grand-père. La femme sur cette carte serait Emilie Dagorn (née vers 1840) épouse de Hervé Dagorn, assistant du pasteur protestant.

Un peu plus loin dans la rue du Phare, mais à la même époque, voici la vue que l'on avait de l'emplacement actuel du jardin de Pierre Le Gaouyat (fils) en regardant vers St-Guirec. La vue est dégagée, à gauche, les rochers de la Bastille, au centre, le château de Costaérès et, à droite, le chapeau de Napoléon.

Nous arrivons maintenant à Saint-Guirec, secteur de Ploumanac'h quasiment désert au début du siècle où beaucoup de vieux Ploumanacains regrettèrent de n'avoir pas acheté à l'époque où le tourisme n'en était encore qu'à ses débuts. Ce lavoir, photographié au début du siècle, existait encore entre les deux guerres, en face de l'hôtel de l'Europe ainsi qu'une petite fontaine située un peu plus haut.

Il n'y avait pas que des lavandières qui utilisaient le petit lavoir de St-Guirec, il arrivait que des animaux, souvent laissés en liberté, viennent s'y abreuver !

Par un coup de baguette magique, la fée tourisme a transformé ce petit coin de côte bucolique que nous venons de traverser. Le cochon a fait place aux chevaux vapeur ! De belles estivantes en chapeau cloche et en Salmson envahissent le site. A droite, le *Tea-Room* de St-Guirec.

Ce *tea-room* fut construit par monsieur et madame Joly sur les plans de monsieur Ménet (architecte perrosien et président du syndicat d'initiatives). Avant, une simple cabane servait de dépôt pour la vente des gâteaux de monsieur Audibert. Au premier plan, le plateau à la main, c'est probablement Gaby Godec qui travailla là de 1926 à 1934. Elle se souvient de la bonne société qui fréquentait l'endroit par les beaux jours d'été. Ne s'attend-on pas à en voir sortir Gaby Morlay au bras de Pierre Fresnay ! A ce propos, un jour que Georges Sabbagh n'arrivait pas à faire rentrer ses garçons qui canotaient dans le port, il dit à Gaby "s'il te plaît Gaby va les chercher et s'ils ne t'obéissent pas, Gaby mords les !"

C'est en face du *Tea-Room* que Marie Rolland, à partir de 1948, va créer son cabaret L'Escale. C'était un peu comme si St-Germain-des-Prés descendait à Ploumanac'h et ceux qui l'ont connu en gardent un merveilleux souvenir. Le répertoire de Marie Rolland, composé de chansons diverses, a laissé des traces de refrains lointains : "Dans le port de Saïgon/ L'était une jonque chinoise/ Mystérieuse et sournoise/ On ne connaît pas son nom/ Et le soir dans l'entrepont/ Quand la nuit devient propice/ Des Européens se glissent/ Au fond des coussins profonds." Ce n'est pas pour rien qu'on y voyait souvent Léo Ferré qui venait en voisin lorsqu'il louait le château de Costaérès à madame Gonon.

La décoration marine de l'Escale était l'œuvre de Raymond Jeanin, le mari de Marie, ancien décorateur à l'opéra de Paris (l'homme en tricot rayé sur la photo). Quand le rideau se levait sur la petite scène, Marie Rolland et son grand accordéon accrochaient la lumière. Elle commençait souvent par un autoritaire "Eteignez vos cigarettes, s'il vous plaît, je vais chanter" et ajoutait aussitôt "mais je ne vous empêche pas de boire !" Et c'était parti pour un tourbillon de chansons. Marie Rolland s'est éteinte en 1991 à l'âge de 83 ans. Elle a écrit : "Moi je vais dans la vie/ Sans penser à demain/ Au gré de ma fantaisie/ Je cueille l'amour sur mon chemin/ Je ne suis pas captive/ Mon cœur n'a pas de lien/ Il s'en va à la dérive/ Mais je n'y peux rien."

La chapelle St-Guirec au début du siècle. A droite, sous le rocher baptisé *Le lit de St-Guirec* aucune herbe n'a jamais poussé ; une croyance locale racontant que le petit Jésus y serait passé, conduisant des parents à y rouler les enfants en bas âge pour qu'ils marchent rapidement. Cette chapelle aurait, apparemment, été construite au XIIIe siècle.

Quelques années plus tard... La chapelle n'est plus toute seule, la maison de Lucie Kerdudo s'est élevée sur la plage St-Guirec.

Quelque temps plus tard... Lucie Kerdudo y fait construire une autre maison et ouvre l'hôtel St-Guirec qu'elle tiendra avec son fils Marcel Ranou, célèbre cycliste amateur local.

Puis, l'hôtel St-Guirec s'agrandira d'un salon de thé.

En 1930, la première maison de Lucie Kerdudo est détruite pour laisser place au grand hôtel que nous connaissons aujourd'hui.

Derrière l'oratoire St-Guirec, on aperçoit la taverne St-Guirec, premier établissement construit à St-Guirec par les Padel. Il fut un moment tenu par Marie Perrot (épouse Lédan).

Enfin, devant le succès croissant de cette plage, les Padel firent construire l'hôtel Beaussite pour leur fille Augustine. Cet hôtel ouvrit le 15 juin 1930. Pour l'occasion, un déjeuner de gala et un grand bal animé par le Sélect Jazz Perrosien furent organisés. Les anciens se souviennent de la vive concurrence entre Lucie Kerdudo et Augustine Padel pour attirer les touristes arrivant à St-Guirec.

La plage St-Guirec, un des premiers dimanches d'août dans les années 1930, c'est la fête de l'enfance. L'homme au centre est probablement Honoré Boscher-Belleissue, conseiller municipal et, celui de droite, Louis Richard. Devant Honoré Boscher, le petit garçon sur sa patinette est Pierre Le Gaouyat.

La fête de l'enfance a été créée sur l'initiative du docteur Paul Regnard, de sa petite fille Annick et de monsieur et madame Guégan. Le docteur Régnard pose sur la photo à gauche. Le programme débutait le matin par une ouverture à grand orchestre puis salve d'artillerie. Vers 10 h00, la foule se massait à Pors Kamor pour la sortie traditionnelle du canot de sauvetage. Puis retour vers Saint-Guirec pour prendre un bain...

...tandis que les membres du comité, aidés de Jobic Clou, mettaient la dernière main à l'installation de l'enceinte des jeux comme, ici, le docteur Regnard. Et, après un copieux déjeuner dans un hôtel ploumanacain...

...la foule se massait autour de l'enceinte pour assister aux jeux et concours. Les concurrents avaient entre 3 et 13 ans. Les chutes et bévues entraînaient rires ou applaudissements. Aucun concurrent ne rentrait chez lui sans un lot ou une gâterie. Sur cette carte, un défilé de voiturettes fleuries fait valoir la grâce des bambins et la dextérité des mamans qui ont préparé ces chars. La chaise à porteur, ci-dessus, obtint le 1er prix en 1930. A gauche, c'est Micheline Boigegrain (née Simon-Huart), dans la chaise, son frère Jacques Simon-Huart et, à droite, Colette Joveniaux-Huart.

Le défilé était suivi d'un feu d'artifice de jour, tiré au-dessus de la plage, et, le soir, c'était la fête vénitienne dans le port. Une fois encore, les mamans et les papas préparaient des canots en les décorant de fleurs pour la circonstance. Là, on aperçoit la *Blanchette* de monsieur Simon-Huart, parée pour la fête. Le feu d'artifice de nuit va bientôt être tiré, les feux de Bengale et les fontaines lumineuses vont se refléter dans l'eau calme du port. Un grand tendad sera mis à feu au fond du port pour clore la fête.

Autre âge, autres jeux. Par un beau dimanche des patrons ploumanacains jouent aux boules dans l'enclos de la chapelle St-Guirec. Dans le fond, on aperçoit le pignon blanc de la maison du père Mendu, douanier, et devant elle les petites maisons des Ollivier.

Le terrain en pente inverse et le mur facilitent le jeu.

Tandis que les femmes, à l'abri de la chapelle, cousent ou tricotent tout en dissertant. Certaines, plus timides, se cachent et rient sous cape de voir ce curieux photographe s'intéresser à elles.

Au même endroit deux pêcheurs fabriquent leurs casiers. Ils enfilent dans des trous percés dans une forme circulaire appelée La Moule, les premiers brins d'osier qui vont constituer l'ossature du casier. La maison au fond à droite appartenait aux parents de Francine Moreau. On aperçoit aussi la petite fontaine près du lavoir de la plage St-Guirec. La première extension de la chapelle fut faite par adjonction d'une aile à cet endroit, sur l'initiative de Joseph Mangard, conseiller municipal. La construction fut réalisée avec des pierres de récupération de fermes en ruines de Trégastel et donc, la maçonnerie moderne est quasi indécelable.

Cette carte, postée par Adrien Cadic à Pékin en 1908, représente l'oratoire de St-Guirec dans les premières années du siècle ; la statue du saint était encore en bois. On y voit très nettement la stèle gauloise, en bas à droite, dont la nature du granit, différente de celle des autres blocs, et la taille permirent de la repérer récemment.

En 1904, face à l'afflux de touristes, on fut obligé de préserver la statue en bois du XIVe en la plaçant dans la chapelle et en la remplaçant par une statue en granit, œuvre du sculpteur lannionnais Hernot. Sur cette carte postale, nous reconnaissons à gauche : Francine Lédan, (madame Pierre Le Gaouyat) qui tient dans ses bras Marie Lédan, sa nièce (la fille d'Alexandre Lédan). A droite, assise, c'est Jeanne Leroux future madame Penhuel (mère de Génot).

Avant 1900, l'oratoire fait face au château de Costaérès. Plus tard...

... la maison Eiffel apparaît au milieu des rochers.

Autre croyance : pour faire marcher les enfants plus tôt on leur faisait baiser les pieds du saint dans l'oratoire. C'est sans doute ce que vient de faire Kaeze Guillermo, ici sur la gauche de la photo, avec un enfant dans ses bras qui n'est pas le sien.

Véritable statue de St-Guirec dit la légende de cette carte postale. Pourquoi y en aurait-il des fausses ? En tout cas ce n'est pas la statue ancienne en bois qui se trouvait dans l'oratoire avant 1904, comme aperçue sur une photo lors du pardon de la Clarté.

L'oratoire aurait été élevé au XIIe siècle par les Cisterciens de l'abbaye de Bégard selon la légende d'une carte postale. L'origine en est un peu floue, les pierres qui le constituent sont d'origines multiples, et il semble qu'il aurait été édifié, en partie, avec des restes d'un autre monument.

Le fond de la baie de St-Guirec avant la Deuxième Guerre mondiale. La maison Dagorn, à gauche, et la maison Rose, à droite, ont été détruites durant la guerre. Seule celle de droite sera reconstruite. Au fond à gauche, les petites maisons des gardiens de la propriété Eiffel. En 1950, sera réinstallée, devant ces maisons la croix de la place du Centre de Ploumanac'h sur le socle de *Croas Ar Salud* qui se trouvait à la Clarté au coin de la rue Cornic.

La Rose s'est échouée à St-Guirec, sous le chapeau de Napoléon ; la maison Eiffel n'existe pas encore. Ce canot de 2,52 tonneaux fut construit à Binic en 1893 et fût immatriculé à Lannion en août 1897 lors de son achat par Maurice Delestre. En 1907, il le vendit à monsieur Ballot de Perros qui le revendra à Pierre Le Roux de Trébeurden en 1910.

Dans la première décade du siècle, les moutons qui paissent tranquillement sur les terrains communaux à St-Guirec face à la maison Eiffel appartenaient sans doute à une vieille figure ploumanacaine : Fainch Ivurt, un vieux garçon qui habitait près du *lit de St-Guirec* et qui vivait avec ses chèvres et ses moutons. Bien que rustique, et comme l'ont rapporté plusieurs personnes qui ont connu Ploumanac'h, à cette époque : "Tout le monde s'arrangeait, c'était une grande famille, il n'y avait pas la jalousie de maintenant."

Par une belle journée de 1913, la famille Lur-Saluce est venue du Cruguil à St-Guirec pour un pique-nique dans les rochers face à la maison Eiffel.

Le photographe photographié ! Le caillou en question s'appelle le chapeau de Napoléon. A la fin de la Deuxième Guerre mondiale, pour déclencher des combats, la BBC envoya ce message aux résistants de la région : "Le chapeau de Napoléon est-il toujours debout ?" Son nom breton est *Liorz-Bras*.

Ker Awel, la maison Eiffel, fut construite vers 1902 par Albert, fils de Gustave Eiffel. Gustave Eiffel y séjourna souvent. Passionné de météorologie, il y avait fait installer une véritable station météo. Le père Menguy, gardien du phare, était chargé de faire les relevés pendant son absence. La construction de cette maison avait coupé le passage traditionnel le long de la côte, aussi monsieur Eiffel avait donné à ses domestiques la consigne de ne pas empêcher les promeneurs de passer dans le jardin. A droite de la maison, on aperçoit le rocher de la Bastille où se trouvait Castel Bras.

Le jardin de la maison Eiffel. Les Ploumanacains ont eut très peur quand monsieur Eiffel arriva dans sa voiture conduite par un chauffeur noir (Guadeloupéen). Peur du noir ou de la *Woetur Dré Dan* (voiture à feu). Mais les Eiffel étaient très bons pour la population. Plusieurs anciens se souviennent très bien des arbres de Noël chez les Eiffel où tous avaient un jouet.

*La Morgane a*ppartenait à monsieur Eiffel. Monsieur Eiffel, en promenade un jour sur le port de Ploumanac'h, proposa à Yves-Marie Le Gaouyat de s'occuper du bateau qu'il allait faire construire à Carantec. Ce fut *La Morgane*. Yves-Marie l'entoura de soins très souvent récompensés, car il gagna de nombreuses régates à son bord, à commencer par les régates de Perros en 1909. Yves-Marie sera officiellement attaché la navigation et l'entretien de *La Morgane 1* de 1913 à 1915 et ensuite jusqu'en 1926, année de sa retraite bien gagnée, il fut aussi le patron de *La Morgane 2*, la chaloupe de pêche des Eiffel. En août 1931, Yves-Marie Le Gaouyat fut décoré de la Légion d'honneur par monsieur Le Troquer après 80 ans de navigation.

Le château de Costaérès se trouve Outre-Ruisseau, donc en Trégastel, mais toute son histoire le rattache à Ploumanac'h. L'îlot sur lequel il se trouve fut acheté par Bruno Abakanowiecz -dit Abdank- en 1892, au douanier Le Brozec de Perros.

Voici la première partie du château construite entre 1893 et 1895 par l'entreprise lannionnaise Le Tensorer. Entièrement en granit rose, extrait sur place ou apporté de la Clarté, une vingtaine de tailleurs de pierres ont œuvré pour édifier ce château néo-médiéval. La veuve Lageat de A la Descente des Voyageurs avait été chargée par Abdank de régler les entreprises et les ouvriers au fur et à mesure des travaux pendant son absence. L'inauguration donna lieu à une fête fastueuse où tout Ploumanac'h fut invité.

En comparant cette carte à la précédente, on voit clairement l'extension réalisée par Sofia Abdank, madame Poray, après le décès de son père en 1902. Elément indissociable du paysage de Ploumanac'h, ce château ne fit cependant pas toujours l'unanimité. Le 20 août 1901, un syndicat artistique des sites pittoresques de Ploumanac'h se forma. Présidé par L. Gastine, il était constitué d'hommes de lettres et d'intellectuels dont : Charles Barré, Charles Mendel (éditeur), Albert Clouard, R. Lefranc (peintre) et Prosper Limbourg de l'hôtel Bellevue. Ils choisirent le château de Costaérès pour symboliser ce qu'ils appelaient l'accaparement des sites. Dans le manifeste du syndicat on lit : "Il voyait plus loin se silhouetter la haute masse de granit du château de l'ingénieur défunt, qui eut assez peu de goût pour faire dresser cette insanité prétentieuse sur le plus bel îlot de l'archipel en miniature de Ploumanac'h."

Carte postée en 1903 et signée Sophia Abdank, la fille de Bruno Abakano Nowiecz, qui utilisait le surnom de son père.

Entre les deux guerres le château connut des locataires célèbres. Il abrita notamment Yvonne Printemps et Pierre Fresnay. Saccagé par les Allemands à la fin de la Deuxième Guerre mondiale, il sera sauvé par madame Gonon, magistrat à Guingamp. Sur cette carte de l'entre-deux guerres, il fait désormais partie du paysage.

Le château vu depuis l'océan en passant au nord de l'îlot. L'aile, à gauche, est celle construite par Abdank. Elle brûla en 1990 lors de travaux de réfection.

A St-Guirec. Il n'y a pas toujours eu un parking et du bitume là où se garent aujourd'hui les voitures ; voici le fond du parking au début du siècle. Sous l'œil du *Bélier*, le rocher au fond à gauche, il y avait du monde ce jour-là au lavoir de Toul Bihan. Les lavoirs étaient surnommés "les gazettes" en raison de leur rôle primordial dans la circulation de l'information ! Plus tard près de Toul Bihan fut construit un lavoir couvert et un troisième à côté. Derrière le photographe, près de la crêperie des Bruyères maintenant, il y avait la fontaine *Feunten Ar Zant* (la fontaine du saint).

Belle scène bucolique, derrière Feunten Ar Zant, près de la rue du Phare, au coin de la rue du Triskel. De face c'est Marie-Louise Le Penven -dite "Penouanen"- épouse Ollivier, mère de "Soaze Lippi" et grand-mère paternelle de Claire Ollivier. De dos c'est l'un de ses fils, Yves-Marie, le père de Claire. Derrière le fagot de fougères, on aperçoit leur maison aux toits de tuiles rouges.

Rue du Phare. A droite, les mains sur les hanches, c'est Marie-Louise Le Chevalier. C'était un signe de richesse que de posséder une vache à Ploumanac'h à cette époque. En suivant ce chemin nous entrons dans le domaine des monstres de pierre.

Le plus réussi parmi ces monstres de pierre est sans conteste *Le Bélier* qui se trouve non loin du fond du parking St-Guirec.

Mais ce rocher pris sous un mauvais angle ne ressemble plus à rien !

Ils servent à tous les rochers : ici, à protéger du soleil ...

... là, c'est une cachette discrète pour observer ce que fait ce drôle de bonhomme derrière sa boîte noire !

Le pauvre mammouth croyait que son grand âge lui apporterait respect et tranquillité...

...là les amoureux viennent se compter fleurette.

Les rochers servirent aussi d'habitation à un homme surnommé "Job Ar Yer" (Job La Poule), ainsi nommé à cause d'une poule noire qui ne le quittait jamais ; d'une longévité peu commune, on prêtait à cette dernière des talents de sorcière. On le voit, ci-dessus, poser devant son logis ; un trou entre les rochers servait de cheminée. Job, avec sa hotte sur le dos, faisait les courses des habitants des villas alentour allant parfois jusqu'à Perros.

Sa mère (ou sa femme... on ne sait pas très bien !) pose ici sur le pas de porte de son logis. Elle nourrissait sa famille de crabes et de berniques pêchés sur les grèves alentour.

Elle lavait son linge dans le ruisseau voisin ou dans une cuvette naturelle creusée dans le rocher (toit) par l'érosion lorsque la pluie l'avait remplie.

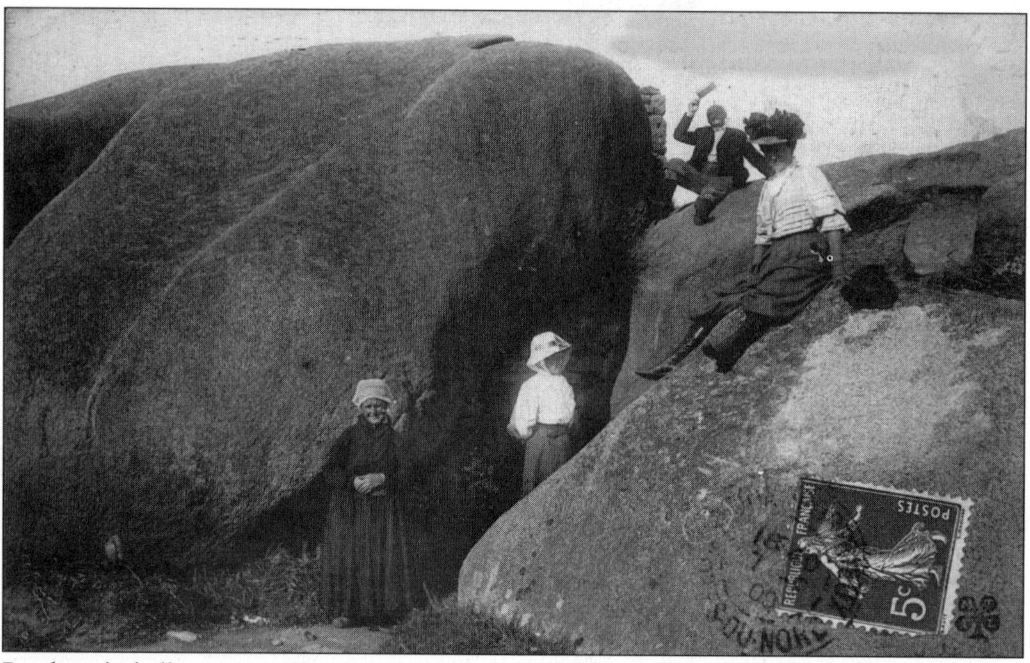

Pendant la belle saison, elle proposait aux touristes de leur montrer la roche branlante et gagnait ainsi quelques sous. Si on en croit le nombre de cartes postales éditées sur "Ty Job Ar Yer" ce fut une attraction touristique.

Tout près de là, s'étend la pointe du diable. Ici, *Le Turenne* relève ses casiers sous la pointe ; ce bateau de 2,77 tonneaux construit en 1897 pour Alain Le Goff sera vendu à Jean Le Goff, en 1907, et dépecé à Ploumanac'h en 1910. C'est le seul bateau nommé par Maxime Gourhand dans son roman ploumanacain "*Guarite*" écrit en 1928-30.

Cette carte postale nous permet de redécouvrir un mode de pêche qui se pratiquait au Squewell au début du siècle. Le bateau de droite était mis à l'ancre à une dizaine de mètres de la falaise. A l'extrémité de son bout-dehors, un filet tendu en direction de la terre était amarré. A terre, un homme faisait descendre dans la mer un orin lesté sur lequel était transfilé l'autre extrémité du filet. On voit cet homme assis sur le rocher. Quand le banc de mulets ou de bars longeant la côte arrivait vers le filet, le guetteur à terre prévenait le bateau en criant "veille" et lorsque le filet était rempli de poissons, il criait "halle" et ils remontaient le filet. Chaque jour un bateau différent était désigné sur une liste préétablie. Les bateaux s'arrangeaient deux par deux, car il fallait être à quatre pour cette pêche : deux à terre et deux à bord.

La station de sauvetage de Ploumanac'h fut créée le 22 décembre 1912 lors de la mise à l'eau de son premier canot, le *Commandant Gentil*, construit chez Normand. L'abri et la cale qui ont coûté 25 000 F furent construits par messieurs Groleau et Perrot de Plouaret. Le canot à rames fut offert à la station par la veuve du marin dont il porte le nom. Son équipage comportait 18 hommes dont 9 commandés par le patron Yves Geoffroy et 9 commandés par le sous-patron Eugène Penhuel. La marraine est madame Le Bihan, propriétaire du grand hôtel de Trestraou et le parrain Eugène Le Jannou, maire de Perros-Guirec. A 11h00, le curé de Perros procède à la bénédiction du canot qui se termine par un vibrant Ave Maria Stella chanté en chœur par toute l'assistance. A ce moment comme pour ajouter au côté féerique du lieu et de l'instant, apparaît, au milieu du cadre rocheux, une blanche goélette qui glisse sur le flot azuré. Après la photo souvenir, tous les invités de la Société de sauvetage et du Comité se retrouvent chez Yves Padel, à l'hôtel des Rochers pour un banquet dont voici le menu : potage velouté - langouste en Bellevue - barquette de foie gras - filet de bœuf Périgueux - dindonneau farci truffé - petits pois à la Française - petits fours - gâteaux - café - cognac et le tout arrosé de Bordeaux et de champagne. Après cela, il valait mieux ne pas tomber à l'eau !

Le *Commandant Gentil* photographié lors d'une sortie d'exercices. L'équipage qui est à bord ce jour-là est la bordée d'Yves Geoffroy, le patron, debout à gauche. Il fut patron de 1912 à 1922. Ensuite de gauche à droite : Yves Ollivier dit "Yvonnic", Joseph Guillermo dit "Job", François Ollivier dit "Labit", Emmanuel Ollivier dit "Gnien", Hervé Ollivier dit "Lélé", Emmanuel Lissillour dit Manuel (mari de "Jegoen") et François Jegou dit "Soieg" (futur patron de *l'Aimée Hilda*).

Le deuxième canot de la station de Ploumanac'h, le *Félix William Spiers* fut inauguré en 1932, ce fut le premier canot à moteur à Ploumanac'h. Il était équipé d'un moteur Beaudouin de 10 chevaux. A bord, sur cette photo, le mécanicien est Yves Limbourg. Pendant la guerre, lors d'une tentative d'évasion vers l'Angleterre, une simple vérification du niveau d'essence dans le réservoir avec pour tout éclairage un briquet transforma le bateau en un brasier. Les Allemands achevèrent le travail en faisant sauter l'abri et le canot en août 1944 en même temps que le phare de Méan Ruz et des Sept Iles.

Le *Félix William Spiers* lors d'une sortie au moteur devant *Pors Kamor*.

L'abri fut reconstruit en 1949 pour accueillir un nouveau canot l'*Aimée-Hilda* que l'on voit ici, le jour de son baptême, le 13 août 1950, portant grand pavois et voilure rabannée sur le mât (ce fut sans doute la seule fois que la voile servit sur ce bateau !). Bien qu'il n'y ait jamais eu concurrence entre les deux stations, celle de Perros fut fermée en 1948 car elle faisait double emploi avec celle de Ploumanac'h qui avait de meilleures possibilités de mise à l'eau.

A bord de l'*Aimée-Hilda* sous les yeux de Marcel Gautard, à la fin de son discours, René Pleven remercie et félicite les généreuses donatrices : Aimée Fournier et Hilda Gelis-Didot (de gauche à droite), grâce auxquelles Ploumanac'h retrouve un canot de 11,9 mètres et doté de 2 moteurs diesel de 30 chevaux.

L'instant est émouvant, le canot, chargé de son équipage et des officiers, commence à descendre sur ses rails pour rejoindre son élément.

Premier contact du canot avec l'eau ! On croit entendre les sirènes des bateaux, les applaudissements de la foule massée sur les rochers, le claquement des pavillons dans le vent.

L'*Aimée-Hilda* restera en service à la station de Ploumanac'h jusqu'en 1975. Le 10 octobre 1975, il est acheté par Jean-Paul et Thierry Bosc. Plus de 10 ans, après le 22 août 1986, ils le céderont pour le franc symbolique à la ville de Perros qui le fera restaurer.

Le bateau *La Niquette* dans l'anse de Pors Kamor. Ce bateau fut construit par Adrien Briand, en 1922, pour le docteur Michel Regnard que l'on voit ici à l'avant du bateau tenant le mât. Derrière lui, se tiennent ses deux fils Jacques et Jean accompagnés d'un neveu, Maurice Bernard. A l'arrière, c'est le beau-père du docteur Michel Regnard : Louis Richard. Ce bateau fut baptisé du surnom de la fille de Michel Regnard, Annick, dont beaucoup de Ploumanacain de l'époque se souviennent car elle s'occupait beaucoup de la fête de l'enfance.

Belle brochette de poulbots ploumanacains posant devant la maison de maître Fortier-Maire qui borde Pors Kamor. Quand la saison commençait, les petits Ploumanacains attendaient les touristes pour les guider et leur montrer les rochers remarquables et bien sûr recevoir quelque sous. Cette maison fut construite en 1895 par maître Fortier-Maire, avocat à la cour d'Appel de Paris. Ce premier propriétaire décédant quelques années après, la maison fut rachetée par le docteur Paul Regnard, père du docteur Michel Regnard, en février 1904.

En 1905, le docteur Regnard fit construire la tour que l'on voit ici. Le petit bâtiment, entre la maison et le phare, était occupé par le Magasin des Huiles, l'atelier mécanique du phare et le poulailler.

Très amusant l'appareil que maître Fortier-Maire avait fait construire devant sa maison pour appeler aux repas familiaux ses enfants et invités.

"Avec son rouge éclat lumineux et puissant, Rassure le marin et fait la mer moins vide" dit le poète Joseph Salembier en parlant de Méan Ruz, le phare de Ploumanac'h. Ce phare fut construit en 1860. C'est en 1902 que le célèbre gardien, Pierre Menguy y prit son poste. Ce phare a une portée de 10 miles, ce qui est relativement faible mais il est surtout utile pour signaler les eaux libres entre Perros et les Sept Iles. Son secteur rouge signale les dangers à terre. Il est constitué d'une tourelle avec escalier intérieur et d'un logis attenant pour le gardien et sa famille. En bas il y avait une cuisine et une salle à manger. A l'étage sous le toit de zinc, par-dessus lequel passaient les vagues les jours de tempête, il y avait une grande chambre commune entourée de lits-clos. Le père Menguy montait ravitailler la lanterne en pétrole 2 fois par nuit. La réserve à pétrole se trouvait dans la cabane appelée le Magasin des Huiles.

Cette photo prise peu après l'arrivée du père Menguy au phare de Méan Ruz en 1902, le montre en train de pousser sur la roche branlante derrière sa femme, Radegonde, née Colin. Ils s'étaient connus, puis mariés lors de son affectation précédente à Bréhat. A la gauche de Radegonde, c'est leur fille Zénaïde qui épousera plus tard Jean-Marie Le Goff et deviendra la mère de Camille. Zénaïde décédera en 1990 presque centenaire. A la droite de Radegonde, c'est son fils Pierre ; il aura son bac en 1914 et deviendra inspecteur général des impôts. Son fils qu'il baptisera également Pierre, deviendra président du tribunal de Grande Instance d'Angers. On disait que ce phare avait 3 pierres.

Sous le phare, en descendant l'escalier, une cave à cidre avait été construite dans la roche. Le père Menguy fabriquait son cidre à l'automne pour sa consommation personnelle et aussi pour ses visiteurs. En été les touristes faisaient souvent un crochet par le phare. Les enfants du coin aimaient venir voir le père Menguy, toujours aimable, qui leur montrait le fonctionnement de la lanterne. Les noces de Ploumanac'h venaient également au phare, souvent après le déjeuner lorsqu'on débarrassait la salle pour le bal, en cortège précédées de l'accordéon de Toussaint Le Brozec (le dernier meunier de Millin-Glaz). Pierre Menguy et Radegonde les recevaient et leur offraient un coup de cidre. On montait dans la tour et on allait prendre un bol d'air sur la coursive autour de la lanterne.

Le passage de ce bateau au pied du phare nous rappelle une anecdote concernant le père Menguy. Un jour qu'il était allé à la pêche vers Thomé avec son bateau, sa fille Zénaïde vit son bateau chavirer. Elle donna l'alerte aussitôt et on fit sortir le canot de sauvetage qui ramena le père Menguy sain et sauf. C'était un rendu pour un prêté car Pierre Menguy était titulaire de la médaille de sauvetage. Alors qu'il était quartier-maître sur l'*Iphygénie*, il s'était jeté à l'eau dans une mer infestée de requins pour sauver un homme tombé à la mer.

Voici le phare dans les années 1930. Arthur Menguy, (avec la casquette blanche), petit fils du Père Menguy, est venu rendre visite aux grands-parents avec sa femme Christiane. Il paraît vraiment tout neuf le phare du père Menguy ; il faut dire qu'il le bichonnait ! Sa petite fille Camille se souvient qu'à l'annonce de l'arrivée de l'ingénieur des Ponts et Chaussées, c'était comme si le pape débarquait ; Pierre Menguy briquait tout. Les escaliers étaient lavés au savon noir et lustrés jusqu'à ce qu'ils brillent et toutes les serrures en bronze nettoyées. Dans ce petit phare accroché sur un rocher au bout du monde, les Menguy ont élevé 6 enfants. Alors quand, le 9 août 1944, les Allemands l'ont fait sauter, Pierre Menguy ne l'a pas supporté. Il eut une attaque cérébrale et ne s'en est jamais remis. Et savez-vous le plus beau de l'histoire ? En fait, lui étant invalide de la Marine, c'était sa femme Radegonde qui était la gardienne en titre !

Le phare de Méan Ruz sera entièrement reconstruit, en 1948, en granit rose de la Clarté. Le voici en finition avec cette espèce de rampe de V2 qui supporte la lanterne provisoire qui le remplaça pendant 4 ans.

Au phare, oh temps suspend ton vol...

En s'éloignant du phare pour revenir à St-Guirec, on passe devant cet édifice que certains prennent pour une chapelle comme le disent certaines cartes postales. Mais, il ne s'agit que du garage de la maison Regnard. Magnifique garage, un peu curieux, dans un site unique. Il fut construit en 1907.

Nous finissons notre promenade dans Ploumanac'h et dans le temps avec ces baigneurs arrivés dans ce petit coin de terre bretonne qui n'est pas sans rappeler l'atmosphère particulière d'une île. Une île que les caprices de la géologie auraient oublié de détacher de la terre !

Au cours de nos recherches, pour élaborer cet ouvrage, plusieurs raisons furent invoquées pour expliquer le surnom de "Maroc" donné à Ploumanac'h : 1 - Les peintres disaient qu'ils allaient au Maroc car Ploumanac'h c'était loin ; 2 - Après un naufrage des barils de vin sont venus à la côte et bien sûr tout Ploumanac'h en profita avant que les douaniers mettent la main dessus. Le vin venait du Maroc ; 3 - L'étranger passant par Ploumanac'h en été ne voyait que des femmes travailler dans les champs ; 4 - Le teint bronzé des Ploumanacains (pêcheurs) au regard du teint pâle des Perrosiens (commerçants) ; 5 - A la suite d'un échouage de barils de rhum, les douaniers sont arrivés pendant que les Ploumanacains essayaient de les sortir de la grève, ces derniers les ont crevés pour boire à même le tonneau. Un des Gabelous aurait dit "Vous êtes pires que les Marocains" ; 6 - Le garde maritime Le Dem, originaire de Pont-Croix avait maille à partir avec les pêcheurs. Ceux qui lui offraient à boire étaient bien vus, les autres, disait-il, étaient des Marocains. Ces deux dernières versions doivent être replacées sur fond de guerre du Rif (1925-26) au Maroc.

Nous espérons qu'à la fin de cette promenade, en ces lieux si particuliers que sont la Clarté et Ploumanac'h, le lecteur aura perçu le charme originel de cette terre bretonne qui a longtemps gardé son authenticité et qui en conserve assurément encore quelque chose.